U0104429

中国外语教育研究丛书

刘道义 主编

黄远振 著

英语阅读教学与思维发展

YINGYU YUEDU JIAOXUE
YU SIWEI FAZHAN

广西教育出版社

南宁

序 一

由广西教育出版社策划、刘道义研究员主编的"中国外语教育研究丛书"是出版界和外语教学界紧密合作的一个重大项目。广西教育出版社归纳了本丛书的几个特色：基于中国特色的比较研究，原创性、研究性和可操作性，理论与实践相结合，学科和语种相融合，可读性较强。道义研究员则谈到五点，即理论性、实践性、创新性、研究性、可读性。我非常赞同来自出版社和主编的归纳和总结，尽可能不再重复。在这里，只是从时代性方面汇报一下自己的感受。第一，本丛书上述各个特色具有新时期所散发的时代气息。众所周知，我国的外语教育在20世纪50年代以俄语及其听、说、读、写四项技能的教学为主，改革开放后强调的是英语交际教学法。进入新时期后，我国外语教育的指导思想着眼于如何更好地为"一带一路"倡议和"教书育人"素质教育服务。应该说，外语教材和有关外语教学理念的专著在我国不同时期均有出版，但本丛书更能适应和满足新时期的要求。如果说过去出版社关注的是如何让外语教材在市场上占有一定的份额，那么，本丛书更关注的是如何指导外语教师做好本职工作，完成国家和学校所交给的任务，让学生收到更好的学习效果，让家长和社会提高对外语教学重要性的认识。当然，这套丛书也帮助外语教师实现从"教书匠"转变为真正的外语教学工作者，使他们既是教师，又是研究者。第二，本丛书的内容不仅适用于英、俄、日、法、德等传统外语语种，也适用于其他非通用语种。第三,就本丛书的选题而言,除传统的技能教学和教育学外,还有社会学、心理学、哲学、美学、神经学等内容。这体现了当代多种学科相互融合的先进思想。随着信息技术的发展,多模态的课堂教学和网络教学已成为本丛书关注的选题内容。

我和本丛书的主编刘道义研究员相识多年。由于她从不张扬,因此我有必要以老大哥的身份来介绍一下她。第一,道义自1960年从北京外国语学院(今北京外国语大学)毕业后,从事大、中、小学英语教学工作17年,对不同层次的外语教学均有亲身体验。第二,从1977年8月起,道义参加了历次的全国中小学英语教学大纲编制工作,编写和修订了12套中小学英语教材,并承担其中9套教材的主编工作;编著教师理论丛书4套、中学生英语读物2套、英语教学辅助丛书3套;发表有关英语教学改革的文章百余篇。由此可见,除参与教学实践外,她还长期从事外语教学理论的研究。最近在许多学校内时有争论,那就是教师只要教书即可,不必费神搞研究。我想道义以自己的行动回答了这个问题。第三,道义曾任教育部中小学教材审定委员会英语专家组组长、中国教育学会外语教学专业委员会理事长、课程教材研究所副所长、人民教育出版社副总编辑。这表明道义具有很强的领导和组织能力。第四,道义曾任党的十四大代表,我认为这说明了道义本人的政治品质好。党员既要把握正确的政治方向,又要在业务工作中起表率作用。所有这些归纳成一句话,本丛书主编非道义莫属。

除道义外,本丛书汇聚了我国从事外语教育研究的专家和名师。以道义所在的人民教育出版社为例,就有吴欣、李静纯、唐磊三位研究员参与编写工作。我退休后曾经在北京师范大学兼课10年,见到丛书各分册的作者名单上有王蔷、程晓堂、罗少茜等大名,顿时兴奋起来。这些当年的同事和年轻学者承担了本丛书15卷编写任务中的4卷,实力雄厚,敢挑重担,我为之感到骄傲。作者名单上国内其他师范院校从事外语教育的领导和专家有华东师范大学的邹为诚、华南师范大学的何安平、东北师范大学的高凤兰、浙江师范大学的付安权、福建师范大学的黄远振、天津师范大学的陈自鹏,来自综合性大学的则有清华大学的崔刚、范文芳和中国人民大学的庞建荣。在这个意义上，本丛书是对我国外语教育研究力量的一次大检阅。难怪本丛书的一个特色是中外外语教育思想和理论的比较研究，而且重点是中国外语教育的实践和理论。上述作者中不少是我的老相识。虽然有的多年未见，如今见到他们仍活跃在第一线，为我国的外语教育事业而奋斗，令我肃然起敬。祝他们身体健康，在事业上更上一层楼。上述作者中有两位（范文芳教授和程晓堂教授）是我在北京大学和北京师范大学指导过的博士生。目睹当年勤奋学习的年轻学子，现已成为各自学校的教学科研骨干，内心一方面感到欣慰，一方面感到自己落在后面了。

本丛书的策划者广西教育出版社成立于1986年12月。就出版界来说，时间不算太早，但本丛书的成功出版在于该社英明的办社方针。据了解，该社主要出版教育类图书。其中教师用书和学术精品板块是该社最为器重的。本丛书的良好质量和顺利出版还得益于该社两个方面的经验。首先，早在20世纪90年代，该社已出版了一套外语学科教育理论丛书（胡春洞、王才仁主编）。该丛书总结了改革开放后外语学科教育研究的成果，展示了其发展的前景，给年轻一代学者的成长提供了帮助，在外语教学界产生了很好的影响，为本丛书的组织和编写提供了宝贵的经验。其次，新时期以来，该社相继出版了数学、化学、物理、语文等学科教育研究丛书，积累了较多经验，如今策划、组织和出版"中国外语教育研究丛书"更是驾轻就熟。

天时、地利、人和，在此背景下诞生的"中国外语教育研究丛书"必然会受到国内外外语教学界和出版界的欢迎和重视。我很荣幸，成了第一批点赞人。

胡壮麟

北京大学外国语学院

2016 年 12 月 1 日

胡壮麟简介：教育部基础教育课程教材专家咨询委员会委员，北京大学资深教授、博士生导师。曾任教育部高等学校外语专业教学指导委员会委员、英语组副组长，中国英语教学研究会副会长，中国语言与符号学研究会会长，中国高校功能语法教学研究会会长。

序 二

一年多以前，当我接到广西教育出版社的邀请，让我主编一套外语教育理论研究丛书时，我欣然接受了。我担此重任的这份自信并非源于自己的学术水平，而是出自我对外语教育事业的责任和未竟的情结。

我这辈子从事外语教育，无非是跟书打交道：读书、教书、编书、写书。虽然教书认真，有良好的英语基础，但成绩平平。因为缺乏师范教育，并不懂得有效的教学方法。然而，17年的大、中、小学教学为我后来的编书和写书提供了宝贵的实践经验。改革开放后，我有幸参加了国家英语课程和教材的研制工作，零距离地与教育专家前辈共事，耳濡目染，有了长进；又有幸出国进修、考察，与海外同行交流切磋，合作编写教材、研究教法、培训师资，拓宽了视野。由于工作需要，我撰写了不少有关英语教育、教学的文章。文章虽多，但好的不多。为了提升自己的理论水平，我对语言教学理论书籍产生了浓厚的兴趣。退休后有了闲空，我反倒读了许多书，而这些书很给力，帮助我不断写文章、写书。2015年，我实现了一个心愿，就是利用我的亲身经历为我国的英语教育做些总结性的工作。我与同行好友合作，用英文撰写了《英语教育在中国：历史与现状》一书，又用中文写了《百年沧桑与辉煌——简述中国基础英语教育史》和《启智性英语教学之研究》等文章。

我已近耄耋之年，仍能头脑清楚，继续笔耕不辍，实感欣慰。

当我正想动笔写一本书来总结有关英语教材建设的经验时，我收到了广西教育出版社的邀请信。这正中我的下怀，不仅使我出书有门，还能乘此机会与外语界的学者们一起全面梳理改革开放以来，特别是这十几年的外语教育教学的研究成果。我计划在20世纪90年代出版的，由胡春洞、王才仁先生主编的外语学科教育理论丛书的基础上进行更新和补充。发出征稿信后，迅速得到了反馈，10所大学及教育研究机构的多位学者积极响应，确定了15个选题，包括外语教学论、教与学的心理过程研究、课程核心素养、教学资源开发、教学策略、教学艺术论、教师专业发展、信息技术的运用、教材的国际比较研究等。

作者们都尽心尽力，克服了种种困难，完成了写作任务。我对所有的作者深表谢意。同时，我还要感谢胡壮麟教授对此套丛书的关心、指导和支持。

综观全套丛书，不难发现此套丛书的特点主要反映在以下几个方面：

一、理论性。理论研究不仅基于语言学、教育学，还涉及社会学、心理学、哲学、美学、神经学等领域。语种不只限于英语，还有日语和俄语。因此，书中引用的理论文献既有西方国家的，也有东方国家的。

二、实践性。从实际问题出发，进行理论研究与分析，提供解决问题的策略和案例。

三、创新性。不只是引进外国的研究成果，还反映了我国改革开放以来的教育改革历程，具有鲜明的中国特色，而且还开创了基础教育教材国际比较的先例。

四、研究性。提供了外语教育科学研究的方法。通过案例展示了调查、实验和论证的过程，使科学研究具有可操作性和说服力。

五、可读性。内容精练，言简意赅，深入浅出，适合高等院校、基础教育教学与研究人员阅读。

此套丛书为展示我国近十几年的外语教育理论研究成果提供了很好的平台，为培养年轻的外语教育研究人才提供了很好的平台，为广大外语教研人员共享中外研究成果提供了很好的平台，也在高等教育机构的专家和一线教学人员之间建起了联通的桥梁。为此，我衷心感谢平台和桥梁的建造者——广西教育出版社！

我除组稿外，还作为首位读者通读了每一本书稿，尽了一点儿主编的职责。更重要的是，我从中了解到了我国外语教育近期的发展动态，汲取了大量信息，充实了自己，又一次体验了与时俱进的感觉。为此，我也很感谢广西教育出版社给了我这个学习的机会。

1998年，我曾经在我的文章《试论我国基础外语教学现代化》中预言过，到21世纪中叶中华人民共和国成立一百年时，我国的基础外语教学将基本实现现代化。今天，这套丛书增强了我的信心。我坚信，到那时，中国不仅会是世界上一个外语教育的大国，而且会成为一个外语教育的强国，将会有更多的中国成功经验走出国门，贡献给世界！

刘道义

2016 年 11 月 21 日

刘道义简介：课程教材研究所研究员、人民教育出版社编审。曾任中国教育学会外语教学专业委员会理事长、课程教材研究所副所长、人民教育出版社副总编辑。曾参与教育部中学英语教学大纲的编订和教材审定工作。参加了小学、初中、高中 12 套英语教材和教学参考书的编写和修订工作。著有《刘道义英语教育自选集》《英语教育在中国：历史与现状》，主编"著名英语特级教师教学艺术丛书"、《基础外语教育发展报告（1978—2008）》、《新中国中小学教材建设史 1949—2000 研究丛书：英语卷》等，并撰写了有关英语教育与教学的文章 100 多篇。

前　言

　　2008 年，我开始关注外语教育阅读教学问题。研究发现，1949 年以来我国外语教育经历了由"文"到"语"的转向——大学英语专业由用文学课程教授外语变为用听说读写译和报刊选读等课程教授外语；中小学英语教育远离文学阅读，文学教育几乎是一个空白地带，对文学阅读真正感兴趣的学生凤毛麟角，学生阅读量更是少得惊人。这种转向顺应了交际法目标，却淡化了文学教育；提高了听说能力，却削弱了读写能力。为此，我反思英语教学存在的问题，探索英语阅读的教育价值，尝试探究复归文学阅读教学的可能性和必要性。

　　2009 年，我在《课程·教材·教法》上发表了一篇题为《中学英语文学阅读可行性和有效性研究——优秀学习者个案及其启示》的论文。该文提出三个观点：一是英语教学回归文学阅读的价值取向，文学阅读教学应当激发兴趣、勉励勤学、导学助读；二是扩大课外阅读量，增加阅读量主要靠文学阅读，而不是靠功利性阅读；三是开展文学阅读能够扩大中学生阅读的参与度，使之成为熟练的阅读者，实现提高阅读素养的课程目标。此外，从认知语言学角度论证传统诵读的有效性，指出文学阅读既是一种语言输入方式，也是一种体验学习方式；从二语习得理论阐释文学阅读的可行性，提出语言的趣味性和指导性、自学性习得以及足量输入是文学阅读的三个条件；从教学论视角探讨文学阅读，提出导学助读的三种模式：入门阶段"以美导引"模式、自读阶段"以情陶冶"模式、助读环节"以意贯穿"模式。

2010 年，我着手申报国家社科基金项目"英语文学体验阅读与语言创新思维研究"，从阅读和思维两个维度论证课题，试图求解"如何开展英语文学体验阅读？语言创新思维的内涵是什么？英语文学体验阅读与语言创新思维有何关系？"等问题。2011 年 7 月课题获准立项（批准号 11BYY044）后，我开始进行问卷调查、阅读选材、界定概念、研制量具等先导性研究，以及选取初中、高中、大学英语专业的学生为实验对象，考察体验阅读对各类学生语言创新思维能力影响的验证性应用研究。2014 年 12 月提交结项报告，2015 年 2 月批准结项。在历时四年的研究中，课题成果以论文形式发表，达 10 余万字，核心成果包括初中高中大学英语文学阅读调查问卷、英语文学阅读选材原则及分级读本、英语文学阅读评价手册、语言创新思维框架结构、READ 阅读模式及其操作流程、思维型阅读教学模式、语言创新思维倾向量表及语言创新思维能力量表等。本书力图把该国家课题研究内容专题化、结构化、系统化，使之成为贴近英语教师和英语学习者的专业读物，把理论研究转化为教学实践，扩大学术成果的社会效益。

全书共十章，分三大部分。第一部分一至四章，主要论证阅读对提高学习能力、提高语言能力、发展思维能力的积极作用；第二部分五至七章，重点论述文学阅读的课程化、教学化和活动化途径；第三部分八至十章，侧重展示阅读教学欣赏课、活动课、体验课的课堂结构、操作要领及真实课例。

本研究承蒙课题组成员兰春寿、薛常明、张锦坤、黄睿、牛励强、石锡伍、薛蓉、黄瑞贤的鼎力相助，并得到参研人员张小红、黄军生、周大明、杨良雄、吴思廉、吴云开、徐孝邦、林芸、陈思秋、孙海鹏等的大力支持。对于他们的投入、付出和贡献，在此表示衷心的感谢。本书出版得益于著名英语教育专家刘道义老师的悉心指导和广西教育出版社编辑的细心工作，在此表示诚挚的谢意。

于福州仓山师大花香园

2019 年 10 月

目　录

第一章　阅读教学的问题与出路

英语阅读存在"以讲代读""以考代教""以记代思"等教学倾向，不利于发展学生的智力和非智力因素，回归本真的阅读是走出教学困境的有效途径。文学阅读是本真阅读教学的有效途径，其理论基础是二语习得理论、体验学习论与全人教学理念，其实践依据是我国老一辈英语教育名家的学习经验和智慧结晶，其发展取向是基于最简生成原则的外语学习基本路径假设。从学生立场上看，文学阅读与现有任何其他学习方法非但不冲突，反而可以相互促进；开展文学阅读能够培养学生的学科核心素养。

第一节 阅读教学现状与成因

一、教学现状

新中国成立以来，国家始终重视外语教育，强调通过外语教育提高国家外语能力、全民外语能力和公民外语能力（文秋芳 等，2011）。把外语教育作为国民义务教育的一个组成部分，符合国家发展的根本利益及公民素质的基本要求，适应信息时代全球化多元化社会的需要（陈国华，2008）。把外语作为基础教育阶段一门必修课程，不仅有利于提高国家外事语言交流的能力，而且有助于开发学生的潜力，使学生形成良好的学习习惯，促进学生的全面发展。

1978 年以来，英语被确定为我国外语教育最重要的语种之一，英语课程成为中学三大主课之一，与语文和数学并驾齐驱。作为一门基础教育的外语课程，英语学科教育取得了很大的成就，这是不争的事实。然而，近年来英语教育因其收效低于预期而备受争议，造成这一局面的原因很多，阅读教学方法失当可能是主因之一，"以讲代读""以考代教""以记代思"是制约有效阅读的教学行为。

1. 以讲代读

以讲代读，是以教师的讲解分析代替学生的阅读实践。在 while-reading 环节，教师通常组织三个步骤的阅读理解活动，如 1 分钟的 skimming（略读），2 分钟的 scanning（扫读），3 分钟的 close reading（细读）。略读后回答一两个理解性问题；扫读后做匹配段落大意练习；细读后分析文章结构和段落主题句，用较多时间讲解词汇、语法和重点句型。整个过程以问答、练习和讲授为主，教师话语过多，偶尔虽有师生间的交流或者生生互动，场面看似热闹，实则学生被动学习，缺少独立思考的时间和空间。实际上，以讲代读的教学行为是一种碎片化浅阅读，它以牺牲培养学生阅读能力为代价，取代了学生必要的持续默读，抹去了阅读中品味、咀嚼和消化的思维过程。由于阅读活动和阅读过程被肢解为若干部分，学生很难静心阅读，难以把握文本的深层内涵，也很难养成整体感知、深入理解和细读品味文本的阅读习惯。

2. 以考代教

以考代教，是以学生做标准化阅读理解题取代阅读教学。学生做了大量标准化阅读理解题后，不知不觉形成了一种应试习惯：一拿到标准化阅读试题，就先看问题和答题选项，然后再阅读文章查找答案。如果教师以考代教把测试方法等同于教学方法，那么学生就不是为求知而学英语，而是为应试而学英语。教学观念和行为的偏颇，浪费了学生大量的时间和精力，剥夺了他们真实阅读的机会，使之产生依赖性训练的心态，整个思维被模式训练固化了，阅读能力难以提升，学习自信心下降。

3. 以记代思

以记代思，是学生以记忆所读材料中的语言知识替代自身的阅读思考。有的老师在组织课外阅读英文小说或时文时，要求学生在文章中的好词好句下加下画线并抄写，并在阅读检查和评价环节，让学生说出阅读时学到了哪些好词好句。识记好词好句固然是一种知识积累，但这种以知识为价值导向的阅读做法也存在弊端。首先，如果把识记好词好句作为应付考试的手段，期待在短时间内掌握词语，在考试中取得好成绩，这是狭隘的阅读观，违背了学习规律和认知规律。其次，阅读中一味专注于好词好句破坏了读者的阅读情感，使那些原本自然的、本味的、有趣的故事变得索然无味，无法刺激学生的阅读味蕾，坏了学生的阅读胃口。最后，寻找好词好句阻碍了学生与作者以及作品人物的交流，使他们成为阅读的旁观者，失去了真实阅读体验与思维的机会（丁伟，2013）。因此，要想从阅读中获得乐趣，就要善于离开词语，将事物转化为意识中的意象和想象中的图画（帕慕克，2012），把词语与人物情节相结合，从重言语形式转向重文本内容，从而自然习得词汇。

二、成因分析

1. "文""语"转向

英语是外国语文，语文是一门课程，担负着语言教育和文学教育的双重任务（朱自强，2015）[49]。我国外语教育曾经走过"语""文"二分的时期。"语"即"语言"（文字），指单纯开设有关听说读写译和报刊选读一类课程教授外语；"文"即"文学"，指外语教学走"文学路子"，除语言课外，主要通过文学课程教授外语（胡壮麟，2009）。新中国成立前，我国大学在文学院下设外文系或英文系，外语教育更看重"文"；1937年清华大学外文系四个学年设置 128 个学分，其中语言基础类课程合计才 30 个学分，而文学类必修课程多而全，共计 56 个学分（不含选修课）（李小均，2008）。新中国成立后，我国英语教育经历了由"文"转向"语"，即由用文学课程教授英语变为用听说读写译和报刊选读等课程教授英语。譬如，1950 年清华大学外文系低年级课程设置基本上以听说读写技能教育为主，而"文"已有名无实了。这种转向也反映在大学院系命名上，如"英文系"改为"英语系"；由"系"改"学院"后，"外国语学院"居多，"外文学院"较少。"文""语"转向顺应了交际法目标，却淡化了文学教育，提高了听说技能，却削弱了读写能力。重"语"轻"文"遮蔽了文学阅读的应有作用，这样的倾向对基础英语教育产生了很大的负面影响。改革开放后一段时期，中学英语教材文学作品比重较大，后因被指"内容与现实脱节、语言难度较大"而大量裁减文学课文。《普通高中英语课程标准（实验）》（2003）强调"欣赏浅显的英语文学作品"，文学阅读教学再度受到人们的关注。

2. 功利化取向

功利化取向笼罩下的英语阅读教学，有些教师仅仅"精耕细作"几本教材和几十篇课文，原本生动有趣的英语学习变得枯燥乏味，学生除了课本和教辅，再没有兴趣读课外读物，结果知识面窄，文化素养差，英语考试成绩不理想。一项调查显示，各学校普遍存在学生课外泛读时间不足、课外读物缺乏、方法不当等问题（张法科 等，2007）。譬如，《普通高中英语课程标准（实验）》（2003）规定阅读量化指标，要求初中生累计课外阅读量 15 万词，高中生累计课外阅读量 30 万词。为了达到课标的阅读量要求，有的教师为学生提供源源不断的"豆腐块"式文章和标准化习题，通过海量做题弥补快速灌输的低效。另一项调查表明，中学生课外阅读趋于快餐化，中小学英语教育远离文学阅读，文学教育几乎是一个空白地带，对文学阅读真正感兴趣的凤毛麟角，阅读量更是少得惊人（柯安利，2007）。由于操练性阅读大行其道，各种选择题耗时太多，学生无暇顾及课外阅读，阅读动力明显不足，文学经验和常识贫乏，词汇量不足，语感缺失，语言表达只能依赖语法，生搬硬套，或死记硬背，既不流利也不准确（曹怡鲁，1999）。功利化取向迎合了应试性教学，却偏离了英语学习的正确方向，成为我国英语教学长期低效的主要症结之一。

3. 应试化倾向

英语教育应试性活动过多，违背了外语学习和语言习得的规律。应试性活动不仅削弱了学生的学习兴趣，而且抑制了语言应用能力的发展。2015年《全国中小学生学习压力调查》网络调查大数据显示，我国中小学生18岁前累计写作业达10080小时，平均每天写作业时长达3小时……学生写作业时间都是从睡眠时间中"挤"出来的，他们普遍睡眠不足7小时……应试性训练造成阅读与学业之间的矛盾，把课外阅读活动设定在"离线"状态，减弱了阅读带给人的喜悦感和新鲜感，使学生与本真的阅读、智慧的思想"绝缘"。

应试性倾向是在学校、家长与社会的共同作用下产生的。一些所谓的"标准化训练"混淆了练习与阅读之间的关系，使英语教学本末倒置，导致一些教师阅读教学设计雷同化，丧失个性化教学自信，学生被动接受各种强化训练……（黄远振 等，2012b）。想要扭转英语教育应试化练习状况，必须摒弃"以知识为本"的功利思维，探索"以学习为中心"的外语教育途径。

第二节　回归本真的阅读教学

一、何谓本真的阅读教学

1."本真"与"回归"

《现代汉语词典》① 中"本真"词条有两个义项：一是"原来的面目；本相；本性"。二是"符合本色而真实"。本书取其第一个义项，认为"本真"亦即"本""真"组合："本"，既是根本之"本"，又是元气、乾坤，宇宙万物的根；"真"，既是真实客观的"真"，更是真理的"真"，又是五行金木水火土，宇宙万物生长、发展的元素；"本"与"真"相互作用，形成宇宙万物的兴衰。"本真教育"是遵循教育规律、尊重教育对象，是真正意义上的素质教育。

"回归"，是回到原本、原始、根本、本质之意；"回归本真"，是回到事物原本的状态或恢复本来的面貌。教育的回归，是寻找教育的本原，回归教育的本质。"回归本真的阅读"，是指阅读教学回到其原本的确切位置，即远离浮躁功利的应试活动，在本真的阅读教学中享受适度的淡泊与宁静。

2.本真的阅读教学

本真的阅读教学是从学习者的立场出发，组织群文阅读、深层阅读和言语产出。群文阅读是指就一个或多个议题选择一组文章阅读，在读中反复接触同一主题的词语，从而习得所学语言。其理据有二：一是关联理论（relevance theory），二是窄式阅读（narrow reading）。前者强调事物之间、人与人之间的关联性，如交际与认知的关联性、阅读选材与读者认知水平的关联度等；后者指读者阅读同一主题、同一作者或同一体裁的作品。深层阅读是具身认知活动，它是读者身体与文本接触的"真阅读"，是读者与作者、文本和自身多重对话的"真交流"，也是读者享受精读细思经历的"真过程"；深层阅读又是"务本"的活动，它立足文

---

① 《现代汉语词典》（第7版），商务印书馆，2016。

本、尊重文本，发掘文本的"原生价值"，发挥文本的"教学价值"，从而超越文本（甄淑梅，2013）。言语产出即基于独立思考、多元思维的批判性阅读，亦即阅读教学中理解和产出的学习结果，学习者在模仿作品语言的基础上进行创意表达，因而它是语言创造性思维产品。

　　回归本真的阅读教学，需要学思结合、为思而教、整体推进、阶段侧重的"读思言"理念。英语读思言理论模型围绕"人的发展"核心问题，坚持问题从实践中来、问题要系统解决、问题解决最终要依靠一线教师的研究信念,明确立学树人的学科培养目标。读思言之"读"即阅读，阅读包含导读、默读、朗读三种方式：导读是读前指导，旨在激活关于课文的背景性知识，在学生明确阅读任务和要求后开始阅读；默读是无声阅读，学生应当静静地、持续地读完全文，在独立阅读中输入语言信息、理解课文大意；朗读是口语化阅读，是在理解课文意思的基础上，让学生准确流利地朗诵作品，声情并茂地感受语言。读思言之"思"即指思维，思维包括思索、探究、交流三个层面：思索是个体与文本之间的互动，如在读中发现课文的新词语，理解篇章结构和段落大意等；探究是读中发现问题、分析问题、解答问题，运用各种思维技能获取新信息，证实自己的判断或猜测；交流是通过搭档活动或小组活动，让学生与同伴交换意见或分享观点，教师给予必要的评价和反馈。读思言之"言"即言语产出，包含说、写、评三项活动：其中说或写是表达性技能，也是学习过程的思维产品，评指同伴互评和教师反馈，评估思维成果是否达成预期目标（黄远振 等，2015，2019）。总之，本真阅读以持续目的和批注阅读为出发点，以词义概括和循证学习为着力点，以生成言语和评价反馈为落脚点。

　　3. 本真阅读教学的理性选项

　　当代学生阅读范围较广，涉及经济、科技、宗教、法律、名人传记等，远不限于文学作品。但是，文学阅读是本真阅读教学的有效途径，英语教育中开展文学阅读有助于激发乐学情趣、发展语言能力、培养创新思维。首先，文学作品是本真阅读的上佳语料，好的文学作品能引发读者关于人类基本问题（如生命的意义、价值观和伦理等问题）的思考与讨论（Kozulin，1998）[150]，实现真正的情感、态度、价值观教育。阅读文学作品就是愉悦身心、放松心灵的一种方式，它能够舒缓学习压力、恢复学习本来应有的快乐，同时有利于提高理智情感，让学生在阅读中领略英语之美，诱发诗意的心灵，对英语产生爱学、乐学、会学、善学的情趣，使人的情感得到净化（维戈茨基，1985）[342]。其次，语言从本质上讲不是"教"会的，而是学习者"学"会的。因为"学习者是在社会意义的驱动下发展句法能力的，即在社会化过程中逐渐获得语用和语法能力，这两种能力不是由外界的教学直接提供的，而是学习者在认识和参与实践活动的驱动下获得的"（Halliday，1973）。由此看来，外界的"教"并不是我们学会外语的决定性因素。最后，阅读对于思维发展有着特殊的功能。"阅读是一种心理语言学的猜测游戏，是语言和思维交互作用的过程"（Goodman，1967）；文学是一种"高级心理工具"，经典的作品是语言原型的最主要来源，也是增强语言意识的上佳语料；作品的语言已成为当代人语言表达的源泉，与经典文本对话是促进认知成熟的重要途径（Kozulin，1998）[130-150]；文学契合青少年形象思维或诗性思维的心理特征，文学阅读具有其他阅读无法比拟的优势（Lyster，2007）。很显然，文学教育是本真阅读教学的一种可行途径。

二、本真阅读的学理依据

1. 文学阅读的理论依据

第一，文学阅读基于二语习得理论。二语习得的"输入假设"理论指出，语言输入是人类习得语言最基本的途径，理想的输入应当是可理解的、有趣的、自然的、足量的（Krashen，1985）。语言知识来自语言体验，习得取决于语言体验或接触量的多寡（王初明，2011）。应用对应的方法，我们用"法乎其上，取乎其中"的道理能够解释二语习得足量的输入观。外语学习有赖于大量阅读，读得越多，词汇量就越大，语言能力就越强。中国人在学英语时，与英语本族语者使用英语进行口头交流的机会毕竟有限，只有创设真实与正确的语境，以文学阅读的方式接触书面语，才能达到习得语言之目的。大量阅读和足量输入是一种"发展性阅读"，它是通过阅读促进学习（reading to learn）、促进语言能力的发展。作为教科书教学的辅助手段，文学阅读弃繁从简、化精为粗，可以转变外语教学"多讲解、大题量"的状况。

比起死记硬背、机械练习和功利性阅读，文学阅读更能让学习者产生强烈的直观认知和深刻的情境记忆。文学作品具有丰富的相伴语境，承载各种语言信息（如语法、拼写、词义、惯用法等）和文化信息，作品语言千锤百炼、生动活泼、极具神韵，适于英语学习者开展个性化阅读，满足他们心智发展的需求。在语言使用方面，学习者常因缺乏语境知识而影响语言表达。文学阅读把语言形式与语境知识相融合，学习者能获得大量正确的语言输入，在富于美感的文化语境中品味英语的精确用法，避免发生"语境补缺"，抑制不恰当语境的影响，克服惰性知识，保证语言学过能用，达到"学伴用随"的促学效应（王初明，2009）。

第二，文学阅读基于体验学习论。体验学习像生活中其他任何一种体验一样，是内在的，是个人在身体、情绪、知识上参与的所得（高慎英，2008）。语言知识源于语言使用的体验，文学阅读是用语言进行思维，使用语言的阅读就是一种身心体验。这种体验学习恢复了"学习"的原始性质。首先，身体体验是人们最基本、最直接、最丰富的认知经验，体验学习恢复了知识与身体的关系，它让学生"亲身"尝试错误，即在真实的问题情境中尝试错误并产生语言体验。其次，体验学习恢复了知识与情感的关系，它让学生以"当事人"的角色"热情求知"，把学习视为享受智力劳动的快乐和积极的情感体验。再次，"认识起源于活动"，游戏是一种活动，体验学习恢复了知识与活动的关系，它让学生在游戏中学习，在活动中动身、动情、动脑，以增长知识、提高能力。

体验学习论对应于系统论的自组织理论。文学体验阅读是"自组织"活动，它不同于教师包办替代、一味灌输、机械操练的"他组织"活动。文学阅读是开放的、有涨落的、远离平衡态的活动，它会让学生在互动体验中对英语知识产生好奇、惊奇乃至美感，在内化自组织能力中形成主动学习、能动学习的自主意识。文学阅读把个体置身于丰富的语境中，使之在内隐学习中获得英语语感，学习者一旦获得语感，就能在言语行为中准确地理解和使用语言。从这个意义上看，文学阅读既是一种活动，也是活动的结果。作为一种活动，即主体亲历故事的人物、事件和情节的发展并进行语言创新思维活动；作为活动的结果，即主体从阅读和思维活动中加深记忆和理解，获得积极的情感品质。

第三，文学阅读基于全人教育理念。全人教育理念主张面向全体学生，强调开发人的理智、情感、身心、美感、创造力和精神潜能，注重人的内在情感体验与人格的全面培养，而不仅仅是知识的传递与技能的训练。换言之，全人教育致力于学生心智与体魄的全面、和谐和持续发展，既重视人的认知能力，又注重人的情感呵护与建立。

英语属于语言与文学领域，文学作品是语言与文化的载体，文学阅读具有全人教育的意义。首先，阅读就是储智。人的智力发展空间比外形塑造的空间大得多，发展智力的有效技术手段就是阅读，学习者在阅读中汲取丰富的知识，不断提高智力水平。其次，阅读就是借力。正确的思维方式是保障一个人幸福和成功之本，它不是天生的，而是后天学来的。文学读物是创新思维的重要资源，它不仅能拓宽知识面，而且会让人形成积极的思维方式。再次，阅读就是穿越。阅读借助文化的共通性，突破身体的局限，给人超越时空的感受，把人带入过去的语境，让人在特定语境中体会先贤达人的聪慧，吸收人类文明的文化知识，获得宝贵的精神财富，促进人的健康成长。最后，阅读就是教化。教化是"人类发展自己的天赋和能力的特有方式"，是一种精神的造就或陶冶，使某种高级和更内在的东西和谐地融入感觉和个性之中（加达默尔，2004）。在个体阅读教化过程中，读者的语言能力和心灵情感潜移默化，由无知到有知、由低能到高能、由无良好习惯到有良好习惯，进而提升阅读素养和道德品质，获得精神的发育和人的成长。

2. 文学阅读的实践理据

学习外语需要借鉴前人的经验。经验是人们从已发生的事件中获取的知识，也是人与环境交互作用的过程与结果，它具有生活性、持续性、交互性、社会性等特点。人一旦获得完整性的经验，就可以通过某种媒介与他人分享，使已有的经验不断增值，发挥更大的辐射力和影响力。我国当代英语教育名家有着丰富的经验和智慧，他们把个人生活经验经历记录下来，把自身外语学习经验概括总结出来，先后有85位外语名家的126篇回忆录分别编入《外语教育往事谈——教授们的回忆》（1988）、《识途篇——专家、学者、教授谈英语学习》（1998）、《外语教育往事谈第二辑——外语名家与外语学习》（2005）三部叙事文集。这些平实可感、真实鲜活的学习经验，成为我国外语教育极其宝贵的精神财富。

常海潮（2015）从上述叙事文集中挑选了21位英语名家作为研究对象，细读他们关于外语学习和外语教学的回忆录，选取与"英语能力发展"相关的意义单位，如阅读时期、阅读内容和阅读方法等，根据研究对象对其英语学习经历的客观叙述及其在英语学习过程中应用的策略方法，采用质性研究中的类属分析法，进行数据采集、编码分析、归类综合，得出有价值的研究结果（见表1-1）。

表1-1 研究对象信息及阅读时期、内容与方法一览表[①]

研究对象	性别	生卒年	阅读时期	阅读材料内容	阅读方法
范存忠	男	1903—1987	中学	神话、故事	从兴趣出发，广泛阅读
俞大缜	女	1904—1988	中学	小说、诗歌、戏剧	广泛阅读，作文相辅
许国璋	男	1915—1994	中学	故事、小说、戏剧	广泛阅读，不纠结语法和词汇
王佐良	男	1916—1995	中学、大学	小说、历史、散文、哲学史	广泛阅读，关注作者意图
杨宪益	男	1915—2009	中学	小说	从兴趣出发，广泛阅读
杨周翰	男	1915—1989	中学	神话、小说	从兴趣出发，广泛阅读
陆佩弦	男	1916—1996	高中、大学	小说、散文、诗歌、戏剧	广泛阅读，猜测词汇意义
李赋宁	男	1917—2004	大学	历史、哲学	广泛阅读，作文相辅
章振邦	男	1918—	初中	神话、童话、小说	从兴趣出发，广泛阅读
董亚芬	女	1924—2011	中学	小说、诗歌	广泛阅读，背诵相辅
赵世开	男	1926—2010	高中	诗歌、散文、演讲	广泛阅读，背诵相辅
刘炳善	男	1927—2010	中学	童话、神话、小说、戏剧、诗歌	从兴趣出发，独立阅读
胡明扬	男	1925—2011	中学	寓言、小说	广泛阅读，关注作者意图
桂诗春	男	1930—2017	业余	小说	广泛阅读，不纠结语法

---

① 本表根据常海潮（2015）[38-39]论文中表1、表2、表3整合而成，个别专家生卒年份有改动。

续表

研究对象	性别	生卒年	阅读时期	阅读材料内容	阅读方法
孙　骊	女	1930—	高中	故事、传记、小说	广泛阅读，背诵相辅
陶　洁	女	1936—	小学、初中	故事、小说	广泛阅读，作文相辅
刘润清	男	1939—	大学	小说	从兴趣出发，大量阅读
戴炜栋	男	1940—	大学	报刊、小说	广泛阅读，关注词汇
黄源深	男	1940—	业余	小说	广泛阅读，作文相辅
陆谷孙	男	1940—2016	大学	小说、历史、戏剧、诗歌、传记、书信	广泛阅读，增强语感
秦秀白	男	1941—	大学	小说	广泛阅读，作文相辅

　　上述外语名家（男性 17 位、女性 4 位），其学生时代大多从 1910 年起至 20 世纪 60 年代中期，跨度约 50 年。值得一提的是，大部分研究对象都是在新中国成立前上的中学。也许有人会说："他们上的是教会学校，全部精力都放在学英语上，所以能在七八年内将英语基础打好，别人是无法做到的。"对此，俞大缜（1998）坦言："事实上不是这样。我们只花一部分时间学英文，而其他课程和活动则占了大部分时间。我们每天有体育活动。圣玛丽亚虽是教会学校，却也重视国文，有许多学生文章、书法、诗都很好。我的许多篇古文和唐诗大部分是在圣玛丽亚背熟的。"

　　研读叙事文本发现，外语名家的成功秘诀在于阅读的观念和方法。从阅读时期看，只有 1 位从小学就开始接触英语文学作品，有 5 位的文学阅读主要发生在大学阶段，有两位是在自己业务时间涉猎文学作品，而有 13 位都是在中学时期开始阅读活动的。这表明，中学阶段是涉足文学阅读、发展英语能力和思维能力的有效时期。

　　研究对象的阅读材料丰富、体裁多样，包括小说、散文、诗歌、戏剧、神话、童话、传记，甚至报刊、书信和演讲；题材也包罗万象，涵盖政治、经济、历史、文化、哲学、宗教等。他们大都采用泛读的方法，并辅以作文练习或背诵，以增强语感。泛读选材考虑"趣味度"和"易读度"因素，即选择有趣的难易适中的作品，阅读时尽量不查字典，不纠结语法，尽可能扩大阅读量；同时注重阅读相伴、写作相随的方法，读为"学"、写为"用",阅读辅以写作是学伴用随,在学用过程中理解能力和产出能力紧密结合、互动协同,从而有效提高外语学习的效率。

考察中发现一个有趣的现象:有 18 位研究对象把英文小说作为主要的阅读材料,这在很大程度上体现了英文小说在提高英语能力方面的独特作用。究其原因,大致有三:其一,英文小说以其丰富多彩的语言为学习者提供语言情境,并把社会的百科知识融入其中,使学习者在学习语言知识的同时,受到英语国家政治、经济、文化、宗教、哲学等方面知识的熏陶。其二,英文小说以其多样性题材诱发学习者的情感因素和认知因素(即"内部语境"),使之产生持久的阅读意愿,进而采用有效的阅读策略。其三,"学习外语最好的方法除了置身于目标语环境之中,就是广泛地阅读目标语文章"(Nuttall,2002)。中国人学英语缺乏必要的"外部语境",英文小说恰恰可以弥补外部语境的缺失,"走进一部英文小说,你实际上就'生活'在一个'英语世界'里了"(秦秀白,2005)[269],从中可以了解英语国家的文化景观、人文环境、人生百态、社会面貌。

3. 外语学习的基本路径假设

从顶层设计看,外语教育是一个非常复杂的系统,需要我们"全面分析外语教育中存在的问题,制定方案、建构模式,辨证施治、综合治理"(胡壮麟,1999)。从底层实践看,外语教学不需要设计太复杂的方案,也不必推行太庞大的工程。钱冠连(2016)根据"合理地最简生成"原则论外语教学方法,提出了一个外语学习的基本路径假设:

一个学生在初中、高中及大学十年期间,每天朗读 30 分钟外语读物,每周背诵 1 小段(每小段 50 个左右的单词),在课外阅读原文著作 50 本(每本不少于 70 页面)有趣的各类原文读本(分配到每年 5 本,其中须精读一本,泛读四本),练习各种题材及内容的写作 300 页面(相当一年写 30 页面),10 年的大学阶段外语教师用外语执教。假设结果:这个学生想把外语(某一个或两个方面的技能)忘掉是不可能的。

实际上,这个基本路径假设由六个要素组成:十年期间 + 每天朗读 30 分钟 + 每周背诵 1 小段 + 课外阅读原文著作 50 本 + 写作 300 页面 +(大学阶段的)教师用外语执教。其核心目标是用自己的身体器官积累外语音感和语感。该假设基于"三个变量":一是外语成绩好坏取决于语音刺激量、阅读量和阅读兴趣；二是采用保持音感和语感的方法、有趣的方法、智慧的方法；三是选用经典的、有智慧的、趣味性强的、有百科全书式价值的读物。

英语文学阅读构想与钱冠连的外语学习基本路径假设不谋而合。我们论证以学生发展为目标的文学选材理念，设计真实性、关联性、可理解性、趣味性、主题性等选材原则，倡导阅读英文小说简易读本，提出"中学生每学期（按 15 周算）应完成约 7.5 万词的阅读量，每天投入 20~30 分钟，阅读 800~1000 词，阅读速度每分钟达 50~100 词，每天记录相关阅读信息，每读一部 / 篇作品并书面回答若干思考题"的思路（黄远振 等，2013）。这些观点和做法与基本路径假设大体相似，只是要求初中或高中学段持续阅读 1~2 年。实践证明，开展文学阅读不是"是非"问题，而是"能否"问题。

十年基本路径假设具有较高的可信度，它看起来简单朴素且容易落实。但是，目前实施起来可能有很大的困难，因为这种实实在在的"笨方法"容不得半点浮夸和虚假。季羡林说"学外语要求最聪明的学生用最笨的方法"。这里所谓的"笨"，即执着、韧性、刻苦、自信的人格品质，是外语学习中最本真最管用的东西。《美国士兵守则》中"重要的事情总是简单的，简单的事情也是最难的"的名言[①]说的是同一个道理。钱冠连（2016）说："世界上科学的、美的、和谐的东西，往往是简单的、方便的。"他希望学校里的教师能够尝试这个基本路径假设的建议，社会上自学外语的学习者能够自觉践行这些方法，使这个假设不断完善，体现其应用价值。

实践告诉我们："离开文学的英语学习路线是一种以实用主义哲学思想为主的路线，是近视而无远见的路线，是抄近路而反绕远路的路线。"（胡春洞，1996）[41] 远离文学阅读是脱离本真的语言教学方式，是我国英语教学长期低效的原因之一。文学阅读与现有任何其他学习方法非但不冲突，反而可以互补互生；开展文学阅读和深层阅读是回归本真的阅读教学，是发展英语学习者语言能力、思维品质、学习能力、文化品格的一种有效途径。

---

① 季羡林语及《美国士兵守则》名言均引自钱冠连（2016）一文。

本章小结

"以讲代读""以考代教""以记代思"是制约有效阅读的教学行为。造成阅读教学行为失当的原因可能来自三个方面：一是"文""语"转向，淡化了文学教育，削弱了读写能力；二是功利化取向，迎合了应试性教学，偏离了英语学习的正确方向；三是应试化倾向，"低挑战高威胁"的练习过多，违背了外语学习的规律。回归本真的阅读教学是扭转英语教学低效的有效途径，本真的阅读教学主张从学习者立场出发，组织群文阅读、深层阅读和言语产出等活动，强调运用"读思言"思维模型，发展学生获取信息、意义建构和言语生成的能力。"文学阅读"有助于激发乐学情趣、发展语言能力、培养创新思维。理论上，文学阅读基于二语习得理论、体验学习论和全人教育理念；实践上，文学阅读是汲取我国当代英语教育名家的经验和智慧，借鉴外语学习的基本路径假设的观点。研究表明：中学阶段是涉足文学作品阅读、发展英语能力和思维能力的有效时期；英文小说对于英语学习者具有促学、培思、教化等作用；大量阅读、适量背诵、读写结合是增强音感和语感的有效学习方法；文学阅读教学与其他外语学习方法非但不冲突，反而可以相互促进；开展文学阅读和深层阅读是回归本真阅读教学的理性选择之一。

第二章　阅读对提高学习能力的作用

"教育是仿效之学"。本章将展现两位优秀英语学习者的个案,分析阅读具有提高学习能力和学业成绩的功用。以阅读提高英语学习能力和学业成绩,需要教师转变教育观念、改变教学方法。譬如,明确阅读教学的定位与定力,区分精读泛读、文学阅读的特点;理顺阅读的自学与他学关系,发挥教师的中介作用,促进学生自我教育,产生阅读意愿;鼓励学生自由自主阅读,重视结伴阅读的社会性活动;以激趣为起点,引导学生刻苦勤读,形塑热情求知的阅读习惯。

第一节 阅读有助于提高学业成绩

一、英语学习者考试成绩分析

贾容韬（2011）把决定一个学生学习成绩的能力分为四种，依次为：阅读能力、写作能力、作业能力、考试能力。这个"能力顺序"把阅读能力排在首位，体现了"阅读促发展"教学理念和全人教育观。实际上，不论是学语文还是学英语，阅读都是头等重要的事。然而，在中学英语教育中，一些教师偏重学生的考试能力、作业能力；虽说有考查写作能力，但在教学中还不够重视；相对而言，还是比较看重阅读能力，可学生接触的大多是"豆腐块"式的短文和海量的标准化试题，对真正提高阅读素养的作用不大。

2009 年，上海学生首次参加 PISA（国际学生评价项目）考试，取得全球第一的佳绩，令世人瞩目。2011 年，PISA 项目创始人及总负责人施莱克尔（Andreas Schleicher）来华讲学，他指出中国教育忽视学生的思维能力培养，学生的概括力、理解力和记忆力较强，但阅读思辨能力严重不足（潘涌，2012）。同年，雅思官方网站公布 2010 年度全球考试成绩数据，中国大陆（内地）考生在 40 个参加雅思考试的国家和地区中排名倒数第七，大部分考生阅读强写作弱。2012 年，杜克国际教育机构对中国大陆（内地）考生参加美国高考（SAT）的情况进行抽样分析显示，中美学生 SAT 平均分相差约 300 分（1213 ∶ 1509），差距主要集中在考查批判性思维能力的阅读写作题上（王丽，2012）。2014 年 11 月，国际英孚教育发布当年全球成人英语熟练度指标调查报告，指出当年中国的成人英语水平属于低熟练度。在行业方面，如在信息技术产业、金融业、制造业等领域，中国公司员工的英语水平也较低。

英语学习者考试成绩欠佳和英语水平不足暴露了多方短板，使得我们不得不反思英语教育存在的问题与不足。出现上述问题的原因可能很复杂，但英语教育重"语"轻"文"、忽略文学阅读教学、忽视思维技能培养，是造成学生英语词汇量不大、在一些国际化大规模英语测试中成绩偏低的原因之一。学英语就是学语言，大量阅读文学作品增加师生负担的担忧是没有必要的。文学阅读是师生共读的活动，是教师指导学生自由自主阅读的活动。这种阅读以体验和感悟为主，通过独立阅读磨砺语言，持续默读培养语感，个体和群体互动发展思维能力，思考和表达训练语用能力，从而扩大词汇量、提高应试能力。英语学习者的成功经验告诉我们，阅读是形塑学习者自我发展、提升学业成绩的有效路径。

二、优秀英语学习者个案

1. 王秋睿——美国高考满分获得者

2007 年 5 月 24 日，上海外国语大学附属外国语学校高二男生王秋睿，得知自己 SAT 获得 2400 分，兴奋不已。2007 年 6 月 18 日，《新京报》记者采访王秋睿，文章《上海男生参加美国高考获满分　想多条出路》刊登后各大报刊和网站纷纷转载；2008 年 3 月 31 日，《中国青年报》刊发《王秋睿：中国大陆 SAT 满分第一人》一文[①]。从各类报道来看，人们对 SAT 满分新闻的兴趣聚焦在两点上：一是美国的 SAT，二是王秋睿的学习经历和成功秘诀。

SAT（Scholastic Assessment Test，即学术能力评估测试）与 ACT（American College Test，即美国大学入学考试）被统称为"美国高考"。学术能力评估测试又分"推理试验"（SAT Ⅰ）和"科目测验"（SAT Ⅱ）两种。SAT Ⅰ包括阅读、写作和数学 3 项，一张考卷一次性考完，各项满分均为 800 分，总分 2400 分；SAT Ⅱ为专项测验，包括物理、化学、生物等 22 门科目，每门满分为 800 分，每次最多报考 3 门。SAT 由美国教育考试服务中心（Educational Testing Service，简称 ETS）组织，其成绩作为世界各国高中生申请美国大学入学资格及奖学金的重要依据，被美国 3600 余所大学认可，一般大学只要求 SAT Ⅰ成绩，名牌大学则需要 SAT Ⅱ成绩。北美地区每年组织 7 次考试，北美之外的地区每年组

---

① 王秋睿：中国大陆SAT满分第一人. 中国青年报，2008-03-31.

织 6 次考试。世界各国每年有几百万人参加 SAT 考试 ①。近年来，中国每年参加美国高考的人数多达数万人次，考生数量以每年 50% 的速度增长；考生主要来自国内一线、二线城市各个学校的国际班、国际部，以及一些国际学校，这些学校对英语词汇量的要求远远超过课标的要求。从难易度看，ACT 考试比 SAT 更容易；SAT Ⅰ比 SAT Ⅱ更难，每年获得满分者只有几百人，基本上都是美国学生。王秋睿凭借 SAT Ⅰ满分成绩、托福 663 分高分及个人综合素养，2007 年 12 月被美国哥伦比亚大学正式录取，并获 5 万美元的全额奖学金。

王秋睿的成功秘诀在于阅读大量英语文学作品，积累了较大的词汇量。从采访报道的文字分析，他的阅读方法具有"时间长、数量大、种类多"三个特点。时间长，是指他英语文学阅读跨越小学、初中、高中三个学段，长达六年之久。他小学六年级就开始阅读英汉对照小说，以经典名著简写本为主；初中阶段开始阅读英文原著，如《哈利·波特》、莎士比亚戏剧和一些评论等作品；高中时进一步扩大阅读材料，涉猎西方文、史、哲等方面英文原著。数量大，是指他阅读了大量英语读物，小学毕业就读了 200 多本英文简易小说，按每本 5000 词粗略计算，200 多本书合计至少 100 万词，这个数量是《普通高中英语课程标准（实验）》（2003）规定高中毕业生课外阅读量累计达到 30 万词的 3 倍多；倘若加上初高中时英文原著的阅读量，其阅读量估计不少于 300 万词。种类多，是指他所读的文学作品内容丰富、体裁多样、题材广泛，诸如故事、小说、戏剧、传记，以及西方古典音乐史、科学史和历史、文化、艺术、哲学等方面英文原著，特别爱读柏拉图、康德、尼采的书籍，并能够体会英语语言的美感以及文学作品的内在美。

王秋睿并非英语学科"一枝独秀"，他兴趣广泛，爱好体育，喜欢踢足球，其他科目成绩也很优秀。他小学时获得全国华罗庚数学竞赛三等奖，初中时获得学校国际文化周"莎士比亚文学小博士"称号，高中阶段参加 2007 年美国大学生数学建模竞赛（MCM），获得"成功参赛奖"（successful

---

① 2016年3月起SAT考试改革，改革后实行1600分记分制，有机考和纸考两种方式，考试分阅读、数学、写作三部分，其中写作由必考变为选考。新SAT阅读增加经典文献内容，作文题目更加灵活。

participant）。当人们问他成功有何秘诀时，他实话实说："学英语没有捷径，英语水平不是通过大量做题就能提高的，而是靠长期的课外阅读和日积月累的英语基础。"他的话道出了英语学习的秘诀：在大量英语阅读中汲取丰富的文化知识，形成较强的语言能力和思辨能力，这些知识和能力在各科学习中发挥了积极的正迁移作用，促进学业成绩的提高。

2. 张若琦——12 岁女生雅思考 7 分

2012 年 9 月 24 日，厦门网及厦门日报记者杨继祥写了一篇报道，题为"厦门一中 12 岁女生雅思考 7 分英驻华使馆电贺"，部分内容如下：

12 岁的初一女生张若琦，今年第一次参加雅思考试就取得了 7 分的好成绩。这个成绩已经达到包括哈佛、耶鲁等在内的美国排名前 50 的大学雅思成绩要求了。据专业人士介绍，雅思考试总分为 9 分，一般来说 6.5分以上即为高分。12 岁考生取得 7 分的成绩，很可能还是国内同龄考生第一人。为此，英国驻华大使馆和领事馆的相关部门特地打来电话表示祝贺。张若琦告诉记者，她平时最大的享受，就是读她喜欢的英文原版小说。

"国际英语语言测试系统"（International English Language Testing System）简称 IELTS（雅思）。雅思由英国文化协会、澳大利亚教育国际开发署和剑桥大学考试委员会联合主办，这种大型英语能力测试凭借其"沟通为本"的考试理念、广泛的国际认证、人性化的考试系统等特点，已经成为全球举足轻重的外语考试之一（朱民杰，2013）。近年来，雅思考试在中国越来越热，中国各大城市都设有考点，报考人次逐年递增。考试分听、说、读、写 4 门，每一门设 9 分，综合成绩满分为 9 分。取得 6 分，达到澳大利亚移民、英国留学分数线；取得 5 分，达到加拿大移民、新西兰移民分数线。

看到"12 岁女生雅思考 7 分"的新闻，笔者对这位"英语牛人"产生几分好奇，于是联系了当地英语教育硕士——朱明瑛老师，请她代劳对张若琦做一次深度访谈，要求采访时提五个问题：（1）家庭背景（父母职业）如何？（2）何时开始英语阅读，读过哪些作品？（3）为什么对阅读英文小说感兴趣？（4）每天花多少时间读书？（5）雅思听、说、读、写分别考了多少分？几天后，朱明瑛老师发来邮件，反馈了访谈信息：

张若琦出生于知识分子家庭，父亲原是厦门大学教师，后来到外企工作，母亲在政府部门就职。全家酷爱读书，家中充满书香气氛。她小学背过图文并茂的词典，四、五年级开始系统学习《新概念英语》，现已学到第四册一半内容。开始时由妈妈教学到第二册，第三册则开始自学。一般在周末上午自学一篇文章，熟悉文章内容及相关辅导书的讲解，喜欢跟读模仿录音，下午则默写新学的课文。

她从小学四年级开始阅读英文小说，如《简·爱》《傲慢与偏见》《理智与情感》《远大前程》《百年孤独》等。刚开始时能看懂 60% 左右，自己感兴趣的部分则重复阅读，并把一些句子画出来。如今，阅读了很多英文原版小说，其中《哈利·波特》（1~7）、《真理之剑》（1~10）读过 4 遍。受家人喜欢阅读的熏陶，张若琦从小养成了爱读书的好习惯，而且喜欢原汁原味的东西，觉得很有意思。作业少时她每天会花 1 小时读书。

张若琦雅思考试听力 8 分、口语 6.5 分、阅读 7 分、写作 6 分。她觉得听力简单，写作较难，因为没写过议论文。

2014 年底，张若琦撰写了一本英汉双语游记《暑假在欧洲：若琦的旅行故事》，该书 24 万字，由厦门大学出版社出版。2015 年 1 月，张若琦第二次参加雅思考试，当月 17 日发布成绩，她听力 8.5 分、阅读 8.5 分、写作 7.0 分、口语 8.0 分，听、说、读、写 4 门总分共 32 分，总成绩 8 分。

张若琦不仅仅英语成绩好，她在学习上全面发展，小学二年级已通过钢琴六级考试，作文也经常是年段最高分，三年级起开始在报刊上发表文章。她优异的学业成绩，得益于积极的学习意愿、良好的思维习惯和有效的阅读策略[1]。从她的身上可以汲取培养优秀英语学习者的"真经"——培育快乐学习的动机，养成自主学习的习惯，开展文学阅读的活动。

王秋睿、张若琦的成长轨迹对文学阅读教学有所启发。坦率地说，"英语学霸"是不可复制的，但其丰富的经历是可以参考的，其实践的方法是可以借鉴的，其成功的个案也是值得研究的。关注优秀英语学习者个案，汲取和仿效优秀学习者的经验，有望改进阅读教学行为，回归英语教育之本真。

---

[1] 关于张若琦学习的更多信息，参见黄远振博客的三篇文章：高考与雅思（2013年2月1日）、英语学神（2015年2月1日）、英语学神的成长轨迹——读《暑假在欧洲》（2015年3月11日）。

第二节　阅读教学如何提高学习能力

一、阅读教学的定位与着力点

笔者将以人民教育出版社和北京师范大学出版社出版的两套英语教材为例，讨论高中阅读教学的定位和着力点问题。就文章布局而言，人教版教材每个单元编排 3 篇话题相似的文章，分布在 Reading 和 Using language 两个板块以及 Workbook 中 Reading task 部分，其中 Reading 部分课文较长，另外两个文本相对较短；北师大版教材每个单元包含 3~4 篇课文，主要集中在 Language Focus（Lesson 1 & Lesson 3）和 Skill Focus（Lesson 4）部分三课中。就文章体裁而言，人教版 1~5 模块记叙文最多、说明文次之、议论文较少，分别占 66%、26%、4%（不含戏剧课文 2 篇占 4%）；北师大版 1~5 模块记叙文、说明文、议论文分别占 59%、23%、18%。就文本形态而言，两套教材课文以连续性文本为主，辅以非连续性文本。这两套教材都编排了文学作品：北师大版教材每个模块后面安排一个 Literature Spot；人教版教材中小说故事文章较少，但编写出版了一册《普通高中课程标准实验教科书　英语　选修（欣赏类）小说欣赏入门》作为选修课用书，全书有 6 个单元，1~3 单元的作品分成两个小节，4~6 单元的作品不分小节，篇幅较长，每个单元均配有相关练习和活动。从文本的阅读方式看，大致可分为"课文精读、群文阅读、文学阅读"三大类，这三类阅读材料，分别为单篇、多篇和长篇文本，其篇幅不同、作用不同、读法不同，教学定位有所不同，教学着力点也有所差别。

第一类课文精读，是把各模块各单元第一篇课文作为"精读深思"的教学内容。"精读"是研读、细读、深层阅读，全面、精细、深入理解阅读材料；"深思"是充分调动分析、概括、批判、创造等认知思维，在分析性阅读中推敲琢磨文句，深度把握语言知识、语篇结构和文本意义。作为精读的课文多含有学生不熟悉的语言现象，学生需要在教师引导下以独立阅读或查阅词典等方式理解课文。

　　第二类群文阅读，首先需要进行文本组合，把有关联的文章组合在一起，以课内文本为主体（如各单元第二、第三或第四篇课文），链接课外文本，共同构成"单元阅读群"，在拓展性阅读中理解篇章意义、复习所学词语、迁移所学知识。其次是选用导读、选读、研读、测读、评读等阅读方式。导读，是教师帮助学生了解群文阅读背景；选读，是引导学生有选择地阅读群文或检索性阅读；研读，指合作研究群文篇章特征；测读，即拓展检测群文阅读能力；评读，即评价反思群文阅读效果（林才回，2015）。

　　第三类文学阅读，是在课内外开展文学作品阅读。从教的方面看，文学阅读需要课程化、教学化、活动化。大凡教育者带着明确的目的，自觉地去设计某一个方案、落实某一项措施，都可称为课程。阅读课程化，是指教师能够确立课程目标（如语言能力目标、思维能力目标），提出相应的阅读量化要求和行为要求，制定阅读评价原则。阅读教学化，涉及阅读选材、营造语篇环境、创设阅读环境、提供必要的学习条件、建构各种教学模式、开展多样化阅读教学等一系列工作。阅读活动化，是指在课内外组织拓展性、实践性、开放性、探究性、展示性等活动，鼓励学生表现自我、展现能力、体验乐趣，以促进课外自主阅读和语言创新思维。从学的方面看，阅读教学应当关注自学与他学的学习意识、自由与自主的阅读方式、乐趣与努力的阅读情感。

二、文学阅读的自学与他学

　　"学习"作为上位概念可以划分为"自学"和"他学"两个下位概念。自学阅读是一种最主要的学习方式，文学阅读是他学与自学相结合、重在自学的一种学习活动。自学是一种自我教育，它具有自授性和自控性特点，是不断循环上升、超越自我的动态过程。自我教育是一种有结构、有过程的实际教育活动，它由四个环节组成：（1）在自我认识的基础上，提出自我要求；（2）在自我要求的目标引导下，不断地通过实践过程中的自我监控和调节，力争达到一定的预期效果；（3）用自己认可的价值观对自己进行评价，通过评价形成新的自我肯定（伊林娜　等，2015）。

从这个意义看，自我教育就是自我发展，"自我发展才是有价值的智力发展"（怀特海，2012）[1]。

　　文学阅读不仅是一个学习过程，更是一个学会学习的过程，一个人一旦学会了阅读也就学会了学习。"工欲善其事，必先利其器"，这个"器"即是工具，花时间下力气进行阅读训练是"利其器"的过程。这是一个艰难的过程，学习者需要具有自我发展的意识、自我调控的能力和自主自觉的态度。一旦"利其器"的功夫做足了、做好了，"善其事"的英语学习目标自然会水到渠成。当然，自学需要较强的元认知能力，如自己设定学习目标、制订学习计划、选择学习策略、监控学习进程、评估学习效果、进行自我调节。学生还应当学会科学合理地安排好阅读时间，每天投入30分钟，每两周读一部五六千字的文学作品，每读完一部文学作品后认真做好阅读思考题的书面作业；每学期完成七八万词的阅读量。如果学生能够自发地挑选和翻阅阅读材料，阅读时学会思考和表达，他就进入了从自我认识到自我要求，再到自我实践的阶段，直至形成自我评价的循环，他的自尊和自信会渐渐生发出来，从而形成比较稳定的阅读意愿。

　　阅读中他学的师授性和他控性，指的是教师发挥中介作用，引导学生自主阅读的教学方式。在阅读起步阶段，教师应先帮助学生选择易读度、趣味度较高的读本，根据中学英语课标中最常用的1000个英语词族（word family）和次常用的1000个英语词族，挑选一批体裁多样、文质兼美、难易适中的英文经典作品，作为初高中各年段的阅读阶梯读物，以满足学生阅读的需求。在学生阅读一部作品的过程中，教师应采用导读、解读、促读的教学方法。导读是让学生知道读什么、读多少以及读的进度，帮助学生了解作品的背景、主要内容，以及作品的人物、情节、环境和主题等要素，从而制造阅读动力，以增强阅读意愿。解读是师生围绕读本，通过对话、沟通和多种合作活动产生交互影响，以动态生成的方式推进阅读的过程。教师应帮助学生从作品角度关注作品内容，对文本内容进行分析综合、分类概括；从作者角度思考作品的故事和情节，对文本内容进行质疑、评论和解释；从读者角度思考阅读文本，提出个人观点或见解，进行创意表达。促读是通过课堂互动、课后作业、阅读自评、小组他评等形式，对学生进行诊断性评价，或通过师生谈心交流等方式观察学生学习行为和情感情绪的变化，定期或非定期检查，开展学生互查，评价阅读记录与思考题完成情况，收集学生进步的信息，从学生的自评反馈中考查和评价阅读效果。

三、阅读教学的自由与自主

文学阅读也是一个自由自主的学习过程。如果说在"自学与他学"中教师对学生拥有更多的"控制权"，那么在"自由与自主"中，教师应赋予学生更多的"自主权"，让学生在自由的环境中自愿阅读。阅读是把"读"作为语言学习的主渠道，这种个性化视觉输入信息的认知行为是他人无法替代的。教师不替代学生阅读，并不意味着他是一个"旁观者"，放任学生自流不管。脱离教师指导的自主学习，忽略学习者在自主学习过程中的困难，是难以取得预期效果的。教师的"干预"和"介入"，在于细心营造自由自主的阅读环境，给予学生起点的自由与方法的自由，赋予学生结伴的自主和过程的自主。

起点自由是指"关注语言学习者的不同特点和个体差异"（中华人民共和国教育部，2012），是对学习者个体的尊重。由于"学习自主性存在程度差异，自主学习能力的获得是一个动态过程"（Nunan，1997）[2]，且学习者的自主行为的表现形式因其年龄、学习进展程度以及对当前学习需要的认知等不同而存在差异，教师应最大限度地满足个体需求，才有可能获得阅读效益最大化。起点自由体现在阅读材料难易度的选择上。譬如，国外引进、国内出版的《典范英语》（*Good English*）读本分 1~9 级，分别针对小学、初中、高中读者。假如选用这一套英文读物，初中生允许从小学级别读本中挑选，或直接从初中起点读本中选择；高中生允许从初中级别读本中选择，或者把高中读本作为起点，循序渐进地阅读。

方法自由是指学习者有运用阅读方法的自由度和灵活度。从策略、方法、技能三个层面讨论"方法自由"，有很大的实践空间。在阅读策略上，根据所读材料和内容，可采用诸葛亮的"观其大略"读书法，或采用苏东坡的"各个击破"读书法，或采用陶渊明的"不求甚解"读书法等。在阅读方法上，对于易读度高的章节，可选择快读；对于趣味度高的部分，可放慢脚步，慢慢细读品读；遇到一些生词，学习者可根据上下文猜测词义，或查阅字典；有时可选择大声朗读，有时可持续默读；或者在泛读基础上辅以作文练习或背诵。在阅读技能上，学习者要学会在重要语句下方画线、对关键词画圈，或者对事件的先后标出序号，以及在空白处写评注、勾勒简图等。总之，阅读有法，读无定法，适合自己的才是最好的。

结伴自主是指学习者之间自由搭配，结成阅读的同伴。读书是一个人"孤读"和一群人"共读"（张以瑾，2015b）。情绪是可以传染的，积极的情绪传染会产生更大的情感效应。同样，阅读热情也会传染，小组"领头羊"的阅读热情传染给其他成员，会产生从众效应。尽管结对是学生之间自愿的组合，但也离不开教师外部的引领和支持。结对有助于建构学习共同体，共同体通常建立在自觉自愿、积极主动的基础上，是基于人与人之间的自然关联和情感契约的社会群体，具有自然性、共生性等特点。理想的阅读共同体成员结构是异质的认知能力和同质的性格情感的结合，让进取心较强、认知水平较高的学生带领学习动机不足、认知水平较低的学生。如果一个阅读小组里面的成员水平不分上下，这样的阅读效果不一定好，且很难坚持下去。最好是选一个水平较高的成员，作为"核心人物"，像鲇鱼一样在里面搅动，引领其他成员持续阅读。

过程自主指的是学习者在阅读活动过程中自己"做主"。教师的职责是帮助学生开展自由自主阅读（free voluntary reading，简称 FVR），养成想读、爱读、会读的习惯（Krashen，2004a）[1]。FVR 主张学习者无压力阅读、为了兴趣而阅读，它不需要写读书报告，不必回答每个章节后的问题，也不用为每个生词查字典。实施 FVR 需要解决"有没有书读，以及阅读时间和指导方法"的问题。允许学生放弃不喜欢的书，选择自己喜爱的书目来读；允许学生纸读、屏读或掌读，鼓励学生利用课余时间自由阅读。Krashen 指出，在阅读课上讲解字词句和语法规则的直接教学，基本上是浪费时间，是用错了力气，只会让学生更讨厌阅读，正确的做法是引导学生持续默读，且落实到位。他认为"阅读是唯一能够同时使人乐于阅读，培养写作风格，扩大学习词汇，增进语法能力，以及正确拼写的方法，而 FVR 是提高外语能力的极佳方法"（Krashen，2004a）[ii]。

四、阅读过程的努力与乐趣

在通向成功的道路上，任何人都会遵从"兴趣→努力→乐趣"的通则。在这个通则里，"兴趣"是起点，起点就是热爱，而不是服从或约束。在信息时代英语语言环境相对易得，而学英语的兴趣和动机非常难求。没有兴趣就体会不到学习的乐趣，有兴趣才有乐趣，有乐趣才更感兴趣；刻苦学习后获得成功，更能增加学习兴趣。"兴趣是专注和颖悟的先决条件"（怀特海，2012），没有兴趣就没有学习的积极性，没有兴趣就没有进步。"所有智力方面的活动都要依赖于兴趣"（皮亚杰 等，1980）[24]，这说明兴趣对学习成败的影响比智力更大。学习兴趣可以使学习者集中注意力，产生愉快紧张的心理状态，对学习者的认识和活动会产生积极的影响，有利于提高学习的质量和效果。英语学习不能没有兴趣，教师的使命是把"解放兴趣"作为阅读的根本动力，让学生充分认识文学阅读的积极意义——阅读符合英语学习规律，能够有效提高英语语言能力和考试成绩，有益于个人学业发展。

兴趣伴随着学习和发展当然是一种幸福，但也不可因此片面夸大兴趣的作用。阅读需要有兴趣，而仅凭兴趣是远远不够的。学习不是兴趣的孤军作战，除兴趣之外，学习过程还有努力、体验、意志、自强、责任、态度等多种因素在起作用（王道俊，2011）。努力意味着学习任务艰巨，学习是一个很艰苦的过程，不努力不付出辛勤汗水是万万不可能的。人类有一个天生"贪图享乐的大脑"，可趋乐避苦却是反自然的，唯有"先苦后甜""弃乐从苦"才是人类的经验和智慧。中国传统文化中有"十年寒窗""十年磨一剑"的经验，与西方"十年律"[①]如出一辙，它折射出人才成长的普遍规律，也反映了教育中"慢"的自然法则。英语阅读需要经历艰苦的学习和训练，训练过程中需要自主自觉，一丝不苟，专心致志。

---

① "十年律"即做出创造性成果的杰出人才至少需用十年时间"沉浸"在某一个领域里，才能产生个人的首个重要的创造。（斯滕博格.创造力手册［M］.施建农，等译.北京：北京理工大学出版社，2005：186.）

Krashen（2004a）研究发现：以自由阅读来促进学生语言能力，如果坚持的时间足够长（一年以上），往往能起到比传统教学更好的效果；如果坚持的时间较短，成绩只能和传统教学持平。坚持不懈的努力是优秀学习者的态度和品质。王秋睿说，学习英语是一个漫长的过程，没有捷径可走，扎实的基础非常重要，可以先从阅读英语小说简写本开始，但需要每天坚持阅读，才能慢慢对英语产生兴趣。湖南长沙雅礼中学"学霸"陈韵伊，高三毕业后被美国耶鲁大学录取，她最大的爱好是阅读和思考。她认为"英语最重要的是原文阅读、海量阅读，短期速成是骗人的，贵在坚持和毅力"[①]。在阅读中学习语言是一个积累和渐进的过程，持之以恒的阅读，大量输入真实的语言，阅读能力和英语语感就会逐渐提高。

一项针对 900 名初高中生和大学生的问卷调查结果显示："多读"与"爱读"二者存在互促关系；三个学段的学生对英语阅读的喜好程度与其最近六个月的英语文学阅读量呈现显著的正相关，Gamma 相关系数分别为初中 0.52、高中 0.50、大学 0.56，三者均至少在 0.01 的水平上达到统计的显著性水平。从相关系数中无法确定学生是因为爱读所以多读，还是因为多读所以爱读，只能得知二者之间存在密切的相互作用（黄远振 等，2012a）。兴趣向乐趣转化，是由"兴"和"趣"的内涵所决定的。"兴"是一种趣向，这种趣向最敏感最活泼，具有向外溢出和敞开的可能性和自我实现的"潜能"，这种"兴"是可以培养的；"趣"是一种"知其然而不知其所以然"的行为动机。在"知其然"和"知其所以然"之间存在一个实践和创新的空间，使人产生求知欲和动力源。经过一番努力，已知的东西增多，这个空间自然缩小，人们还会对另外未知的东西感兴趣，从而产生新的求知欲。

努力与乐趣之间存在互为因果关系，究竟孰先孰后难以区分。但有一点似乎可以肯定，"兴趣→努力→乐趣"是"好学"向"乐学"的演进。好学不一定乐学，而乐学则一定好学。好学是对学习感兴趣，肯用时用功。从优秀学习者成功的案例看，他们无一不是把学习的"痛苦"视为"乐事"，以苦为乐，坚持一段时间，就会苦尽甘来，感受成功的喜悦。

---

① 17岁湘妹子数学满分考上耶鲁. 新华网，2012-02-23.

从另一个角度看，我们要培养学习者"努力"阅读的习惯，因为在"兴趣"之后必然会遭遇重重困难，需要教师的诱导、帮助和推动。一旦形成了"努力"的习惯，阅读就会由苦涩变为甘美，进入"乐趣"境界——酷爱英语、热情求知、热情拥抱阅读的"痛苦"，在勤学、善学、乐学中大幅度扩大词汇量、提高英语成绩，达成理想和目标。总之，"兴趣→努力→乐趣"的阅读规律是一个量变到质变的过程，是一个循环往复的进程，是一个否定之否定的过程，它符合哲学"质量互变规律"的有序原理和个人自我发展的长远目标。

本章小结

　　英语文学阅读能够在一定程度上提高英语学习者在国际考试中的成绩。优秀学习者王秋睿"早读、多读"的经验、张若琦的"多读、多写"的经历，都说明了阅读有助于提高学业成绩。

　　阅读教学何以提高考试能力呢？一方面，教师应该明确阅读教学的定位和着力点，区分课文精读、群文阅读、文学阅读的特点，通过课程化、教学化和活动化推动课内外阅读。另一方面，教师应当处理好自学与他学的关系，帮助学生树立自我教育意识，增强阅读意愿；指导学生自由自主地开展阅读活动，做到起点自由、方法自由、结伴自主、过程自主；特别是，引导学生遵从"兴趣→努力→乐趣"的学习规律，以激发兴趣为起点，培养刻苦勤读的习惯，进入酷爱英语、热情求知、拥抱阅读的"乐趣"境界。

第三章 | 阅读对提高语言能力的功能

　　英语语言能力是一个颇为复杂的概念。语言能力的内涵经历从语言天赋论到语言交际论的转向。阅读能力是语言能力的关键要素，一个会阅读的学生不一定在学业上成功，但一个不会阅读的学生其学业一定不会成功。培养阅读能力是外语教学的核心任务。语言能力包含听说读写能力，以阅读培养语言能力主要有两种路径：一是以大量阅读带动听说，二是以学用结合促进读写。前者基于音感和语感理论，开展多感官、多样化、多媒介接触阅读材料；后者基于互动论、协同论和产出导向论，在学用一体中培养读写能力。

第一节　语言能力结构内涵

一、英语语言能力

"语言能力"（language competence）和"语用能力"（language performance）是体现言语能力的两个概念。语言能力是说话者所掌握的语言知识，即掌握构成某一语言所有话语基础的代码能力，如辨别、理解和组织合乎语法规则句子的能力；语用能力是指具体使用语言的能力。正常人所具有的与生俱来的语言能力，相当于一种"语言机制"（a faculty of language），内嵌于人类大脑中，形成一个认知结构（Chomsky，1965）。语言能力的发展具有语言机制的内隐性和语言行为的外铄性双重特征，内隐的语言能力必须通过外铄的语言行为显现出来。在语言能力发展中，内隐的语言机制被激活，激活后的语言机制与具体语言环境相匹配，所产出的结果就是语言使用者外显的语言行为。因此，英语教学应当不断激活学习者大脑中的认知机制，提高他们运用大脑中的语言机制去理解和生成语言的能力。

"交际能力"（communicative competence）是在"语言能力"之后出现的一个新概念，它指的是说话者在何时何地用何种方式说什么或不说什么的能力（Hymes，1966）。在此基础上，语言学家把交际能力建构成说话者语法能力、社会语言能力、策略能力和语篇能力四个层级相组合的模型（Canale et al.，1980；Canale，1983）。"交际语言能力"（communicative language ability）是基于"交际能力"的又一个全新的概念（Bachman，1990）。这个概念经过一番改进和完善，形成了结构较为完整、内容更加充实的模型（Bachman et al.，1996）。由此可见，"语言能力"从最初内涵相对单薄到后来内涵逐渐丰富，最终形成了语言能力和交际能力相互结合的概念。

"欧洲语言测试协会"（Association of Language Testers in Europe，简称 ALTE）对语言能力做了颇为详细的研究。2001 年该协会制定了"欧洲语言能力等级共同量表"，把语言能力分为 ABC "三等六级"（A1 入门级、A2 初级、B1 中级、B2 中高级、C1 高级、C2 精通级），作为划分语言能力等级的标准。该量表从"语言交际所需要的语言能力、相关的知识和技能、交际语境和范畴"三个方面描写语言能力等级的框架。其中，语言交际分为个人、公众、职业、教育四类范畴，交际活动也分为产出、领会、交互、中介四类形式（邹申 等，2015）。在语言能力等级框架中，语言能力和交际能力相互包容。从语言能力等级量表的描述看，交际能力被视为语言能力的基础。从语言生态位看，语言能力和交际能力之间存在上下位关系，二者相互依存，因为脱离语言能力的交际能力在理论上是不存在的，在实践中是行不通的；反之，脱离了交际能力的语言能力只是一堆词汇、单句和规则，只有语法、结构或辞典意义而无实际运用意义（谢本渝 等，2005）。

从"语言能力"到"交际能力"，体现了语言观的转变。从"交际能力"到"交际语言能力"，再到"三等六级"的语言能力，可以看出，语言能力变得更清晰更具体、可观察可检测，语言交际的作用显得更加重要。本章关注的焦点是语言交际所需要的语言能力，即运用听说读写译等技能进行言语交际的能力，这种语言能力是阅读能力的上位概念。

二、英语阅读能力

1. 国外关于"阅读能力"的研究

20 世纪 90 年代，美国约翰·霍普金斯大学研究团队开发"为了所有学生的成功"（*Success for All*）项目，帮助学生在小学三年级前学会阅读，因为阅读学科是其他学科的基础，一个会阅读的学生不一定会在学业上成功，但是一个不会阅读的学生其学业一定不会成功（时晨晨，2016）。2000 年，美国"全国阅读小组"（National Reading Panel）[①]在调查 10 万名母语学习者如何学习阅读之后，发表了一份研究报告，报告指出阅读能力应包括"音位意识、语音能力、流利阅读、词汇扩展和阅

---

① National Reading Panel［EB/OL］.（2016-03-20）［2019-06-10］. https://www.nichd.nih.gov/research/supported/nrp.

读理解策略"五个部分。美国加利福尼亚州公立学校英语语言发展标准（K-12）将阅读能力分为单词分析、流利性和系统的词汇发展、阅读理解、文学反应和分析四个方面（California Department of Education，2002）。

加拿大阅读专家把阅读能力分为"字面具体理解能力→分析评价能力→创造性应用能力"三个层次（曾祥芹 等，1992）[68]。《加拿大语言能力标准》（CCLB，2012）把阅读能力分解为一系列"微技能"，如认读（识别）、理解、评价、速读、查检、解码等技能。其中解码（单词识别）和理解是两种基本能力，也是阅读能力的两大要素，二者相互依赖，但不并行发展，识别能力是理解能力的前提（Koda，2005），自动快速地识别单词是流利阅读的最基本要求，而流利的快速阅读又是阅读能力发展的重要标志（Carver，1997）。培养阅读能力应当加强自动解码能力、问题解决能力和快速阅读能力。

语言能力是语言知识和语言技能的总和，阅读能力也是阅读知识和阅读技能的融合。基于这一认识，阅读被分为六大技能和知识领域：自动识别技能、词汇和结构知识、语篇和形式结构知识、内容/世界背景知识、综合和评价技能/策略、元认知知识和技能监控（Grabe，1991）。阅读技能被分为"低层次加工技能和高层次加工技能"两大类，前者包括词汇识别、句法分析、语义命题形成、激活工作记忆，后者包括理解文本模式、理解情景模式、背景知识使用和推断、实施控制过程。这里，低层次技能并不是说它们比高层次的容易，而是指读者的阅读技能达到自动化程度，他们在执行阅读任务时无须有意识地控制自己的认知加工过程；而高层次技能是指读者阅读时有意识地控制自己的认知加工过程，能够有意注意文本形式，进行必要的细读深思。

2. 国内关于"阅读能力"的研究

刘道义等人（1998）从教学论角度，把中学生英语阅读能力分解为七项技能，分别是：（1）掌握基本事实的技能；（2）获取中心思想的技能；（3）进行推测判断的技能；（4）了解时空顺序的技能；（5）读懂图示图表的技能；（6）了解作者语气心绪的技能；（7）评价文章的技能。这些阅读技能描述针对性强，具有可操作性，对中小学阅读教学设计有积极的指导意义。段惠芬等人（2000）根据心理学和思维学理论把阅读能力分为若干认知技能，包括：（1）词句的语义解码能力；（2）信息的筛选储存能力；（3）词组的搭配以及词组、句型、语法的辨析和理解能力；（4）信息的组织连贯能力；（5）对文章段落和中心思想的概括能力；（6）对所获信息的判断、推导能力；（7）语感能力等。该阅读能力结构对于阅读理解教学，特别是对于阅读能力测试具有指导性价值。

《普通高中英语课程标准（实验）》（2003）把阅读能力概述为理解句子、分析观点态度、获取并处理信息以及欣赏文学作品等能力，并针对不同级别描述阅读能力。譬如，高中生英语八级的阅读能力应达到：（1）能识别不同文体的特征；（2）能通过分析句子结构理解难句和长句；（3）能理解阅读材料中不同的观点和态度；（4）能根据学习任务的需要从多种媒体中获取信息并进行加工处理；（5）能在教师的帮助下欣赏浅显的英语文学作品。这五个方面能力要求可以作为评价阅读教学和阅读水平的重要指标，其中"欣赏浅显的英语文学作品"既是能力目标，也是开展文学阅读的导向性依据。

从阅读能力转向阅读素养，是近年阅读研究的新趋势。阅读素养是学生为取得个人目标，形成个人知识和潜能及参与社会活动而理解、运用、反思并参与到书面材料的能力[1]。刘晶晶等人（2015）提出"阅读素养三要素"概念。阅读素养包含阅读知识、阅读能力、阅读情志。阅读知识是基础，主要指语言知识和文本知识。阅读能力是核心，包含基础性阅读能力和学科性阅读能力。基础性阅读能力是指阅读的理解、欣赏和创造能力，学科性阅读能力又分为学科通用阅读能力和学科核心阅读能力，前者包括使用查阅工具、运用标点等能力，后者包括朗读、默读、阅读积累等方面能力。阅读情志是动力，包括阅读兴趣、阅读情感和阅读习惯。王蔷[2]指出，英语阅读素养是"素质＋养成"的统一体，阅读素养主要包含两个要素。第一个要素是理解阅读材料的能力，它一方面包括音素意识、拼读能力、解码能力、阅读流畅度，以及词汇、语法和语篇知识等，另一方面包括思维能力、文化意识、阅读策略等。第二个要素是

---

[1] 国际学生评价项目（PISA）对"阅读素养"的界定。
[2] 王晓珊．王蔷：英语阅读教学应从"重能力"转向"重素养"［EB/OL］．［2016-09-02］．http://www.360doc.com/content/16/0902/23/34962845_587893547.shtml.

阅读品格，即在阅读中养成习惯，把阅读当作自己生活的一部分，在阅读中既学习知识，又获得自我满足感和成就感。外语教育应根据学科特点，基于阅读素养的架构，为学生提供良好的阅读体验，关注学生阅读能力的发展和阅读品格的塑造。

第二节　阅读教学如何提高语言能力

阅读能力是语言能力的下位概念，它与听说写技能密不可分。母语学习者有得天独厚的自然语言环境，英语（作为外语或二语）学习者则缺少外部的语言环境。以文学阅读培养英语学习者语言能力是一个理性的选项。然而，文学阅读教学如何发展学生的听说写能力呢？这是本节讨论的问题。

一、以阅读实践带动听说

1. 以阅读促听说可行吗？

中小学英语学习者因受语言环境、教师因素以及自身因素的制约，口语和听力水平参差不齐，"读得懂而听不懂""听得懂而说不出""想开口却无话可说"的现象较普遍。由于班级人数过多、教法失当、学法不当等原因，口语教学虽投入不少时间，但收效甚微。为了摆脱现实困境，我们提出以大量阅读带动听说的主张。这一主张虽有悖于"听说领先、读写跟后"的原则，却符合我国老一辈英语教育家倡导"以读促听说"的教学观，也暗合了人类阅读的心理机制：人的大脑有两个系统，一个负责口语，一个负责阅读（书面语），要充分开发和利用大脑功能，就必须同时关注口语和书面语，特别是通过阅读，来全面提高语言能力。

陶洁（2005）指出："我们之前过分注重听和说，而忽略了读写，特别是大量阅读，以至于'哑巴英语''聋子英语'变得'名副其实'。根子原来在于对外语学习的认识不够，即忽略了大量阅读积累，应当拨乱反正。"陶洁教授所说的"过分注重听和说"，是指缺乏语境语用的机械训练。她认为很多人学外语听不懂说不出，主要是因为缺少基本的语言知识、缺乏单词识别或解码能力。"哑巴英语""聋子英语"是"乱"的具体表现，根子在于我们对"大量阅读积累"这个"正"的意义认识不足。"拨乱反正"意味着要开展大量阅读，听说读写并重，尤其是重视阅读的积累。

翻译家杨宪益说："我并没有任何更好的经验，更没有任何学习英语的捷径。……（英语学习）主要是要多读、多写、多听、多说；时间久了，自然会产生效果。"杨先生的"四多"说明学英语需要下大力气、持之以恒。"多读"强调长期的、大量的语言输入，通过大量接触真实语境，刺激大脑语言系统，内化词汇和语法，积累语言和文化知识，为其他语言技能打下基础。"读→写→听→说"顺序直截了当地道出了英语学习的规律：一旦英语的阅读由量的积累达到了质的飞跃，那么，写、听和说就能带动起来。所谓"质的飞跃"，是指学习者显性的语言知识转化为隐性的语言知识，头脑中的内含隐性知识量逐渐增多，能够支持显性知识的接收、理解、记忆、整理和深化。

薄冰教授[①]说："如果我是一个初学英语的小学生，我将多看故事多看画，多听句子多唱歌。语法我不学，完全靠模仿。如果我是一个初学英语的中学生，我将把好的课文念得正确、流利、烂熟，睡梦中会说出来，作文中会用出来。我还要读课外读物，并用简单的英语向我的同学复述故事的内容。……如果我是一个初学英语的（自学）青年，我将尽量结合英语实践（读、听、写、说）先把语法学好。……"薄冰教授是针对中国英语学习者而言的。照他的观点，不论是小学生、初中生还是自学者，只要是学英语，都必须从"读"开始。譬如，小学生"多看""多听""多唱"，"看"或"读"居第一位；初中生注重课内精读和课外泛读，且读后要学会说出来、复述故事；自学者按照"读→听→写→说"的顺序学习，也是先以视觉带动听觉输入信息，再以写带动说进行言语产出。实践表明，学英语以大量阅读带动听说不仅是可行的，而且是必要的。

2. 文学阅读应该读什么？

中学生大量阅读应该读什么？我们以为，读英语文学作品，应该从绘本开始，过渡到简易读本，再到文学原著。文学有广义、狭义之分：广义文学是指一切口头或书面语言行为和作品，如小说、诗歌、戏剧、散文以及哲学、伦理学、社会科学等；狭义文学是指小说、诗歌、戏剧、散文等。目前国内市场上适合中学生阅读的文学读本品种齐全，纸质版、电子版形式多样，可供选择的余地很大，且购买渠道很多，也很方便，

---

① 薄冰. 薄冰英语学习方法［EB/OL］.［2014-11-04］. http://www.gaosivip.com/2014/11/11-12223.shtml.

师生可以各取所需。

　　例如，"书虫·牛津英汉双语读物"系列、《拉兹儿童阅读》、"丽声拼读故事会"系列等图书。"书虫"系列是一套英汉双语分级读物，囊括了世界优秀文学名著的简写读本或原创作品，适合小学高年级到高三学生使用，这套纸质丛书从 1995 年启动至今已有 24 年，发行量较大。《拉兹儿童阅读》（即 *Raz Kids Reading*）是一套电子版分级阅读丛书，预备级为 AA，另从 A 到 Z 共分 26 级，每一级阅读 17 册书，难度适中、主题多样、文字精练、趣味盎然，读到最高一级，可积累约 5000 个单词。每本电子绘本和电子书都是看、听、读、回答问题四合一，问题的设计着眼于引导读者关注并理解读物的要点，选项难度逐渐提高。（侯晶晶，2013）"丽声拼读故事会"系列是一套专为小学生准备的"英语书"，为各年龄段孩子精心量身创作，想象丰富，文笔优美，既有美妙的童话，又有充满乐趣的故事。作者朱莉娅·唐纳森（Julia Donaldson）被誉为"英国儿童桂冠作家"，她创作的故事幽默诙谐、富有戏剧性、语言押韵、活泼流畅、朗朗上口，深受孩子们喜爱。该书系配多媒体互动光盘，精选多种互动小游戏，并配有练习测试。

　　再如，"朗文小学英语分级阅读"系列、"小学英语故事乐园"系列、"新理念英语阅读"系列、"朗文中学英语分级阅读"系列等读物。"朗文小学英语分级阅读"系列由中外专家联合编写，精心挑选情节生动的小故事和充满童趣的生活场景作为阅读材料。丛书分 1~12 册，配有 CD 音频，可作为独立阅读教材，也可配合各主干教材使用，还可用作学生课堂表演的剧本。"小学英语故事乐园"系列是从美国引进的一套童话故事集，全套 16 本，把学习英语词句、诗文和歌曲巧妙地融合在英语故事的阅读和表演中，让读者收获语言知识的同时，也可通过角色扮演在舞台上展现自己的风采。"新理念英语阅读"系列选材广泛、内容丰富、图画精美、练习精练。全套书共 43 册，其中小学 18 册（三、四年级各 4 册、五、六年级各 5 册），初高中 25 册（初一到高二每个年段 5 册），丛书配MP3 音频和 DVD 视频。"朗文中学英语分级阅读"系列是新课标百科全书，全书共 56 册，分为四级，每级 14 本。该书针对课程标准 3~9 级的要求编写，适合各阶段中学生阅读，选材突出时代感，尊重学生阅读兴趣，每册图文并茂，配有阅读技巧指南。此外，"中学英语拓展阅读丛书"包含社会科学、自然科学和数学三个系列，其中社会科学和自然科学各 10 册、数学 5 册，适合初高中英语学习者使用。2009 年出版的"新课标高中英语活页文选"系列，共 6 本，供高三年级学生使用两个学期。

中学生要读多少英文读本，也是一个需要说明的问题。刘承沛（1998）[219-224] 说："可以肯定，我们学英语（或其他外语）的成败，在很大程度上取决于我们接触了多少英语和什么样的英语。……"他指出基础阶段要读三四十本英文简写本。……不要小看世界名著的英文简写本，简易读物对打好基础极其有用，一定要多读各种有用的好书。刘承沛认为接触量和阅读材料是学好英语的两个重要变量。他所说的"基础阶段"相当于初中学段。从接触量看，假如每本简易读物 3000~5000 词，40 本约 16 万词，这个数量大抵相当于英语课程标准规定的初中生课外阅读累计量。从阅读内容看，英文名著简写本的可读性、趣味性、主题性、地道性等优势，能够更有助于学生发展语言能力。

3. 文学阅读应该怎么读？

学生的阅读量和语言能力之间并不一定成正比关系，因为只有自主阅读还无法保证学生取得高水平的语言能力。要提高学生的语言能力，教师必须引导学生运用正确的阅读方法。正确的阅读方法会让学生取得更好的阅读效果，相反，错误的阅读方法会给学生制造阅读障碍。以下是两种阅读教学指导方法。

第一，分级阅读。阅读者在不同的成长时期，其阅读性质和阅读能力完全不同。分级阅读是按读者不同的智力和心理发育阶段，为不同的学习者提供难易度不同的读物，以满足学习者阅读适合自己阅读能力水平图书的需求。分级阅读起源于英国，近一个世纪以来阅读读本已逐渐形成了确切的 A~Z 分级标准，这种分级法根据 26 个字母排列，由易到难，分 26 个级别，分别针对不同的读者群。美国蓝思分级阅读体系（The Lexile Framework for Reading），是一套衡量学生阅读水平和标识文章难易度的标准，读物的难易度划分从 0 级开始至 2000 级水平，图书上标注各种特殊符号，如 AD（adult directed，即家长指导书籍）、HL（high-low，即趣味性高但难度低的书籍）、IG（illustrated guide，即图释类百科全书）、GN（graphic novel，即连环画或漫画）、BR（beginning reading，即初级读物）、NP（non-prose，即非散文性文章）等。我国英语教育分级阅读的实践相对较晚，但近年来分级阅读研究发展迅速。出版界、研究人员和一线教师积极推动英语分级阅读。如上海外语教育出版社2009年举办"中国儿童分级阅读研讨会"，探讨本土的分级标准和评价体系；2013年启动"中小学英语分级阅读漂流"活动，活动要求学校图书馆将图书统一编号，分配到各个年级，学生将自己的阅读心得体会夹在图书里，在班际校际间进行漂流。2013年，外语教学与研究出版社启动"中小学英语文学阅读"赛事，采用中英联合出版的一套英汉双语分级读物，推出大型校园双语阅读运动，倡导学生同读一本书，在班内、校内广泛开展阅读活动。①

　　英语文学分级阅读应关注四个方面：首先，要把合适的读物、在合适的时间、以合适的方式递到学生手中，让他们走进英语文学作品，感受图书之美，汲取优秀的人类文明成果。其次，依据不同年龄段学生的心智水平，顾全学生的兴趣和爱好，为学生提供更多的读物，便于他们多元化的自由选择，保证人手一册，或同读一本书，或读不同的书。再次，以活动促阅读，以兴趣促探究，教师应指导班上学生制订阅读计划，督促学生每天落实阅读任务。最后，从"用户优先"思维出发，分级阅读应着眼于真实体验和感悟，刚开始阅读的一段时间里，不要求学生动笔写读后感，只要求学生口头回答少量问题，让学生愿读、乐读、能读，保证阅读真实发生。

　　第二，多元阅读。多元阅读是指多感官阅读、多样化阅读、多媒介阅读。多感官阅读，是指采用"手、眼、口、耳、心"多感官协同阅读，多渠道输入信息。阅读时要充分发挥人体各器官的协调作用，听觉、视觉、触觉等多种感官通道协同，可以作用于英语的语音、词、句型或话语的信息加工，使阅读者全面掌握外语信息的特征并在大脑皮质上贮存同一意义，同时具有多方面相互联系的英语信息。英语学习"不能只靠眼睛看、靠默默地记，必须要用口、耳、眼、手，更重要的还是要用心"（许国璋，

---

① 引自2014年7月29日上海外语教育出版社专家黄新炎做的讲座报告，题为《中小学英语分级阅读推广的障碍及解决之道》。

1980）[19]。这里，"用心"即注意所读文本，"注意"指人的各种心理活动的指向性和集中性，其生理基础是大脑皮层优势兴奋中心的形成和稳定，是根据皮层上的一些区域的兴奋，引起其他区域的抑制而发生的。多感官协同阅读，大量地整体输入、整体感知，有利于从文本中吸收语言知识。

多样化阅读，是指阅读过程口、耳、心、眼、手并用，全方位接触语言。围绕作品内容开展各种语言实践活动，或聆听，或观赏，或模仿，或朗读，或表演，或复述。聆听，是指读后听一听该作品的音频文本，感受英美播音员地道的原声朗诵；观赏，是指读后看一看该作品的视频文本，体验强烈的视觉元素和形象美感，加深对所读作品的印象；模仿，是指读后按录音或音频示范的语音语调跟读模仿，训练地道的英语口音；朗读，是指化无声文字为有声语言的阅读，也是口读耳听，口耳并用的学习方式；表演，是指把小说或故事改编为剧本，分角色饰演，用眼神、动作、表情、情感、语言等传递信息；复述，是指读一部（篇）作品后用简单的英语把故事内容讲述出来，有助于消化吸收阅读内容。

多媒介阅读，是指采用纸读、屏读或掌读等媒介开展阅读活动。调查显示，未成年人的网络社交化趋势明显，他们主要通过微信、微博、QQ 等参与网络社交。因此，运用新媒体为阅读活动创造新条件，是一种理性选择。一方面，除阅读纸质材料外，鼓励学生在线阅读。另一方面，把复述、朗读、表演、讨论等阅读活动拍成微视频上传到网络，与网友分享学习成果，拓展阅读体验。

二、以学用结合促进读写

1.学用结合的学理依据

阅读教学要提高语言能力，必须做到学用结合。这里，"学"是指阅读理解所读内容，包括理解故事人物、事件、情节和环境等，感知词语句型、语法概念和修辞手段等；"用"是指读中思考和读后言语实践，包括遣词造句、口笔头表达等活动。从认知角度看，"学"是积累语言知识和概念，把所学知识进行加工处理，并储存于大脑中，形成个人的知识库；"用"是检索和提取所学知识，应用于产出性活动。阅读的初始阶段，以自主阅读的"学"为主，以批注、图解、笔记、答题等"用"的活动为辅。随着阅读量的扩大，"用"要及时跟进，适当设置讨论、续写、评论等言说任务，把读书的发现和看法表达出来，把感受和收获等与同伴分享。从长远眼光看，学和用是一个有机整体，理想的学用一体样态，是在学中用、在用中学，边学边用，学用相互融合，学用之间"无边界"或无缝对接，把"学"和"用"割裂开来，学归学、用归用，是不科学的（文秋芳，2015）。

学用结合体现了"学伴用随"的原则。"学伴用随"有三个重要概念——"变量、互动、关联"。变量是指语言变量（如词组、句型、篇章）和非语言变量（社会、认知、心理）；互动是指语言学习中各种变量之间的动态交互；关联是指各种变量之间、学与用之间的有机联系（王初明，2009）。阅读的学用结合，需要语言变量（文本语境）和非语言变量（阅读意愿等）参与互动和关联。语言学习的变量很复杂，语境、环境和心境，任何一方变量发生变化，就会"牵一发而动全身"，影响学习效果。学和用中的"伴"和"随"是关联变量，它们会产生激活的作用。如以小说故事或散文诗歌作品作为学习中的"伴"，能够激发学习者阅读的兴趣和意愿；读后伴随口头或书面活动，能够诱发学习者"言说欲"，使之言之有物；而有句无文、有文无情的材料，干瘪乏味，缺乏心智上的启迪，会坏了学生的阅读胃口。

阅读教学中读写兼顾是践行学用结合、学伴用随的理念。阅读是一种理解性活动，写作是一种产出性活动。学习者的理解能力和产出能力的发展不平衡，二者之间会出现落差，理解能力总是超出其产出能力。两者间的不平衡会产生拉平效应，较弱的产出能力在与理解能力之间的互动、协同过程中会不断提高（王初明，2011）。"互动→理解→协同→产出→习得"的互动协同模式是外语学习的有效途径（Pickering et al.，2004）。互动协同观与基于使用的语言习得观并无二致，互动总潜藏着语言习得的机理，语言使用能力是在互动中发展起来的，离开了互动就学不会说话，儿童是这样，成人也是如此。有了足量语言输入的保证，有了足够语言知识的积累，学习者的语言能力就会稳定发展，且在新的情境中语言能力便可以通过各种形式表现出来。因此，阅读教学应当读写互动协同，让理解能力带动产出能力，使产出能力驱动阅读能力，这样读写能力才能循序渐进、螺旋上升。

2. 阅读教学中"写"的问题

"写"在学英语过程中特别重要,具有不可替代的作用,但何时"写"、怎么"写"是很有讲究的。"自由自主阅读"(FVR)理念对阅读教学中"写"的问题具有解释力。所谓 FVR,就是无压力阅读,为了兴趣而阅读,不需要写读书报告,不必回答每个章节后的问题,也不用为每个生词查字典。FVR"三不"旨在维持阅读者的兴趣,使之因乐趣而阅读,为想阅读而阅读,其实质是"降低阅读起始的期望,不带任何附加条件",这符合学生学习的心理特点和认知特征。对于刚刚接触文学读物的学生,尽量不用"写"作为附加条件,因为急于把阅读作为提高写作水平的途径,反而因"畏难情绪"而失去阅读兴趣。只有"当孩子因乐趣而阅读,当他们'上了书本的钩'(hooked on books)时,便不自主地、不费力地学会大家所关心的语言能力。他们会培养出适当的阅读能力、学得大量词汇、发展出理解力、使用复杂的语法结构、建立好的写作风格,同时有不错的(但未必是完美的)拼写能力"(Krashen,1985)[149]。

自由自主阅读观得到语文教育界的认同。朱自强(2015)[48]在《小学语文儿童文学教学法》中引用 FVR 理念,指出"儿童的自由自主的阅读非常重要,必须得到保证;语文教师阅读指导方法得当,就能为学生取得较高水平的语文能力助一臂之力"。北京十一学校校长李希贵[①]认为"附带条件"是阅读的克星。他讲述了一个故事:"山西太原一个语文特级教师的外甥女不喜欢旅游,因为只要一旅游,她妈妈就让她写游记。所以家里组织去旅游,怎么动员,她都不去。阅读也是这样,有好多家长,一阅读就让孩子写读后感,一阅读就让孩子干什么事儿,就要写作,所以搞得孩子也不愿阅读了。"英语阅读也一样,现在很多学生不喜欢阅读,多半是因为他们阅读时总是有一个附加条件,不是回答几个问题,就是要写点东西,这真是名副其实的"任务型阅读"(葛文山,2013)。他们并非不喜欢阅读,只是不喜欢"被阅读"。

阅读与写作之间存在"养育"关系。阅读的"养"是一种想读爱读

的心情，养成的是一种从容的状态和安静的心境；而写作的"育"，应该是"无为"的，是自然形成的，不可"有为"，不可强行要求和限定，否则就会事与愿违（周益民，2016）。然而，应试教育下的英语教学，FVR的"三不"观点不会轻易地被接受。不过，只要稍稍换一个角度思考，这个问题可能就会迎刃而解。不妨把阅读分为两个系列：一是培养阅读兴趣和语感的文学阅读，二是作为精读课的阅读。对于前者，教师和家长应该"清心寡欲"，不可操之过急，不附加"写"的条件，让学生产生"想读""会读"的"附带"效果；对于后者，教师可以"精耕细作"，如讲解课文词语句法，分析篇章结构，建构文本意义，配合思考与表达的练习。

　　英语教学虽说读写并重，但一般要"读多写少"。对此，陆谷孙教授发表了非常鲜明的观点："读是输入、写是输出，输入和输出两者应保持大致相当的比例，譬如说'输入'一百万字的阅读量，最好保持一万字的写作'输出量'。写完最好找高手修改，且不断温习修改意见。"[①]照此计算，读和写之间的比例是1%，这个比例用于阅读长篇简易读本或原著是比较合适的，但用于精读课的读写不太合适。初中课文一般300~500词，高中课文一般600~800词，读后只写3~5个或6~8个词，显然是不够的。因此，应当把精读课的读写比例提高到10%左右；文学阅读的读写比例也可以根据实际情况适当调高，且"写"的设计应力求因人而异、丰富多彩。譬如，小学生读后画一张故事地图，设计一本书的封面，画出主要事件的连环画等；初高中学生读后制作作品的美术招贴，给小说故事写一两句广告语，出一份小说主要事件的考试题，根据故事写一首小诗，给小说作者写一封信，写一则读后感等。

　　3. 读写交互的教学策略

　　从长远看，读写是一件事，而不是两件事，读写有机结合，构成因果逻辑关系。读是理解文本词、句、段的意思，分析文本的结构与情境；写是表达思考内容和观点，并组织材料，安排层次，斟酌词句。基于学用的读写交互策略，大致可以分为时空交互和能力交互两个方面，即读写时空交互策略和读写能力交互策略。前者从时间和空间角度关注读写

---

① 英语界泰斗陆谷孙谈英语学习要诀［EB/OL］.（2015-01-29）［2018-08-04］. http://club.1688.com/threadview/46415118.html.

教学问题，后者从语言能力视角思考读写教学问题。

从时间角度看，读写教学有"远结合"和"近结合"之分。"读写远结合"策略，着眼于提高学生英语学科素养，如阅读一定长度的作品，配合少量阅读思考题，让学生模仿写作内容和风格，从而提高写作能力。"读写近结合"，是阅读教材编写的课文，让学生模仿文章的写法进行作文，如做读书笔记，写读后感或短评，对课文主旨、形象、技巧、细节、语言甚至某句话或某个词有感而发，模仿课文写法进行作文等。从空间角度看，读写教学可以在课内进行，但不囿于课内，如课堂上组织限时阅读或写作活动，在课外读十几页甚至几十页的故事；引导学生每天课外阅读几页英文，每周拿出 1~2 个课时围绕所读内容展开学习和讨论；每读一部作品写一点读后感，做缩写或续写练习。

读写能力交互是指读写技能互动协同，共同完成学习任务。把阅读与以写为主的"表达"作为能力测试，在托福和雅思等大型考试中已广为采用。如托福"综合写作"题型，模拟大学课堂的真实情景，先读一段材料（相当于读课本或教授布置阅读的论文），然后听一段录音（相当于听教授讲课），录音中教授可能赞同或批驳阅读文章的学术观点。任务是写一段话概括教授的观点和论证（相当于课上做笔记），笔记重点要记教授讲的和课本里写的有何不同。美国高考（SAT）阅读新题型减少了通过蒙猜或排除错误选项而获得答案的题型，转为检验学生实际阅读能力的真实性和准确性的题型，以往"背模板、背范例"的备考方式将不再适用。具体而言，该题型要求学生阅读完给定文章之后分析论证中所选择的词语、修辞以及原材料中的核心观点，分析段落的顺序，思考作者是如何用论据以及如何展开论证的。也就是说，阅读题着重考查学生的阅读能力、分析能力、写作能力。根据国外题型和国内王初明等人（2013）的研究成果，国家实行高考"一年两考"后，将会出现"读后续写"题型，即"阅读理解＋阅读表达"的题型（刘庆思 等，2016）。

读写测试的改革将推动阅读教学的改进。首先，教会学生自由自主阅读。"读是一种模仿，写作风格是靠模仿来的，不是靠训练出来的。"（Krashen，2004a）教师应尽可能为学生提供写作借鉴的客体。写作模仿的客体，当然不是写作模板或范文，而是长篇小说故事或精美时文，这样有利于学习者习得读写能力，在潜移默化中形成自己的写作风格。其次，开展以读促写活动。读后设计"用语言做事"任务，让学生在学中用，如读完一部小说故事后，让学生用英文写故事接龙，把故事发展的主线描写出来，或把故事变成连环画并配上一些文字，或用一段话描述一个情节或某一个片段。这些活动"逼迫"学生对文本信息进行"再加工"和"深加工"，提高语言的吸收能力和表达能力。再次，组织产出导向活动。写作是一种再阅读，它会使学生认识到阅读的目的，不只是学习词汇语法知识，而是提取文本信息，把握文本内容和主旨，建构多元的文本意义。缺乏书面表情达意的能力，问题似乎在作文，根子可能在阅读；写作的"促读"功能在于使人感到英语学习上的不足。写作辅以大量阅读，写时出现的错误就能通过阅读自我纠正；带着写作任务进入阅读，在读中会吸纳写作所需的语言素材和表达方式，从而提高语言能力。

本章小结

　　"语言能力"的内涵经历了语言天赋论到语言交际论的转变，更多地指向了言语交际能力。语言交际所需要的语言能力，即运用听说读写译等技能进行言语交际的能力，这种语言能力是阅读能力的上位概念。国外相关研究主要从语言应用角度界定阅读能力概念，如把阅读能力分为音位意识、语音能力、流利阅读、词汇扩展和阅读理解策略五个部分，或把阅读能力分解为如认读、理解、速读、编码等微技能。国内专家主要从教学论、课程论以及认知心理学角度界定阅读能力；在发展核心素养的大背景下，人们的目光已经从阅读能力转向阅读素养，提出了阅读知识、阅读能力、阅读情志的"阅读素养观"，倡导由"素质＋养成"构成的英语阅读素养整体观。

　　以阅读培养语言能力的路径有二：一是以大量阅读带动听说，二是以学用结合促进读写。以阅读促听说是依据外语名家的学习经验，国内可供选择与购买的文学读本或材料很多，读的方法有分级阅读和多元阅读，前者注重阅读材料层级性，后者包括多感官阅读、多样化阅读、多媒介阅读。学用结合促进读写是基于语言学的互动论、协同论和产出导向论，阅读中对"写"的要求应格外慎重，初读时可少写或不写，以免学生因怕"写"而产生放弃阅读的念头；从长远看，读写结合是必然的，读写教学应结合"远距离结合"和"近距离结合"两种策略，教师让学生自主阅读、组织以读促写和产出导向活动，有助于培养读写能力。总之，得法的文学阅读教学能够发展语言能力。

第四章　阅读对发展思维能力的功效

　　《中国学生发展核心素养》总体框架十八个基本要点中，涉及"思维"的有5个；现有高中课程各学科核心素养都包含思维要素。这说明，思维能力已成为自上而下普遍关注的焦点。思维是可教的，且可以通过专门的训练教会。外语学习本质和英语学科特点，决定了培养思维的必要性与可能性。以文学阅读发展思维能力，是在语言学习中发展语言创新思维，在言语思维活动中发展语言能力。教师既要掌握思维常识，也要懂得设计思维教学目标，还要善于在教学中组织和评价各种言语思维活动。

第一节　思维内涵与思维价值

一、思维的基本概念

思维是人脑特有的一种机能，是心理学、哲学、逻辑学等多学科共同研究的对象。现代心理学把思维分为一般化定义和特定化定义。前者认为，思维包括所有的智力或认知活动，如思维"是人脑对客观事物的本质和事物内在的规律性关系的概括与间接的反映"（朱智贤　等，2002）[6]，或"思维是大脑对客观事物反映过程中所进行的一种理性的认识加工活动"（卫灿金，1997）[11]；后者认为，思维只包括"复杂"形式的认知活动，如推理、决策与问题解决，或把思维集中在一个具体的任务和目标上，如执行诊断性判断和预测等智力任务。

思维主要有概括性、间接性、逻辑性和目的性等特征（林崇德，2006）。概括性是思维加工最显著的特征，思维的概括性是对同类事物共同特征的一种理性的本质和概括；间接性是思维加工的一个明显特征，它可以使人凭借已有的知识经验认识未曾或无法直接感知过的事物；逻辑性是指思维遵照一定的规则与方法进行有条理有依据的认知加工活动；目的性是思维的根本特点，它反映了人类思维的自觉性、有意性、方向性和能动性。

思维结构是一个从无到有、从少到多的量变过程，且有一个不断改变和完善原有结构的质变过程（朱智贤　等，2002）[328]。一个人思维能力的强弱，取决于其思维结构的优化程度。苏联心理学家鲁宾斯坦认为思维结构即思维的心理结构，亦即思维过程的结构。瑞士心理学家皮亚杰认为思维结构就是"图式"。美国心理学家拉塞尔从横向与纵向划分思维结构，横向分思维材料、思维过程、思维动力、思维动机四个要素；纵向分刺激引起活动，建立思维定向，寻找有关材料，提出假设、方案，检验假设、方案，决策六个步骤。林崇德（2006）提出了思维三棱结构模型，把思维结构分为思维目的、思维过程、思维材料、自我监控、思维品质以及思维中的认知与非认知因素，强调思维心理结构的关联性以及思维发展的整体性。

由于思维的复杂性、多样性以及划分标准的差异，人们把思维分为多种不同的类型。在心理学中，根据思维的凭借物和解决问题的方式，把思维分为直观动作思维、具体形象思维和抽象逻辑思维。直观动作思维又称实践思维，是凭借直接感知，伴随实际动作进行的思维活动；具体形象思维是运用已有表象进行的思维活动；抽象逻辑思维是以概念、判断、推理的形式达到对事物的本质特性和内在联系认识的思维。根据思维结论是否有明确的思考步骤和思维过程中意识的清晰程度，把思维分为直觉思维和分析思维。直觉思维是未经逐步分析就迅速对问题答案做出合理的猜测、设想或突然领悟的思维；分析思维是经过逐步分析后，对问题解决做出明确结论的思维。根据解决问题时的思维方向，把思维分为聚合思维和发散思维。聚合思维又称求同思维、集中思维，是把问题所提供的各种信息集中起来得出一个正确的或最好的答案的思维；发散思维又称求异思维、辐射思维，是从一个目标出发，沿着各种不同途径寻求各种答案的思维。根据思维的创新成分的多少，把思维分为常规思维和创造性思维。常规思维是指人们运用已获得的知识经验，按惯常的方式解决问题的思维；创造性思维是指以新异、独创的方式解决问题的思维。根据思维行为存在的形态，把思维分为个体思维和群体思维。个体思维是社会实践中不同时代、不同职业、不同年龄的个人所进行的具有自身特点的思维活动，表现为思维形式的个性化和独特性以及思维内容的选择性和时代性；群体思维是指社会上人们集体的思维，但它不是个体思维的简单叠加，而是在一定范围的人按照一定的内在规律相互联系、相互影响、相互作用的基础上，所形成的一种具有共同特征的思维方式，它具有社会性、交往性、互动性、联系性等特点。根据人大脑思维的显意识和潜意识相互作用，还可以分出灵感思维。灵感思维又称顿悟思维，是通过潜意识对问题的酝酿使结果突然涌现于显意识而顿时产生的一种思维；灵感思维是一种非逻辑思维，是人们理性认知中不可缺少的一种高级的思维方式，它具有突发性、随机性、瞬时性、模糊性和独创性等特征，且伴有强烈的情感思维的作用。（朱光潜，2011）[190]

二、思维的重要性

创新力和创造力是衡量一个国家综合国力的重要指标。2015 年，中国科学技术发展战略研究院进行了一项《国家创新指数报告 2014》的研究，研究团队选择了 40 个国家作为评价比较对象，这 40 个国家 R&D 经费 [1] 占世界总量的 98%，GDP（国内生产总值）占全球的 88%，这两个比值几年来基本稳定不变。报告显示，从知识创造、创新资源、企业创新、创新绩效等指标来看国家创新指数，中国排名居第 19 位，名次略有提升，但与排名第一的美国以及排名靠前的日本和韩国相比仍有差距，我们国家创新竞争力和综合创新实力有待逐步提高（宋卫国，2015）。

思维是创造力和创新力的基础。2007 年美国发布"21 世纪核心技能框架"（如图 4-1），提出三大学习技能：学习和创新技能，信息、媒体和技术技能，生活和职业技能。其中学习和创新技能包括创造和革新能力、批判性思维和解决问题能力、交流与合作，该框架已完整地融入国家中小学课程设计中。《未来的学校：变革的目标与路径》（斯托尔　等，

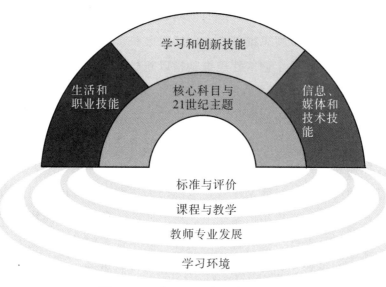

图 4-1　美国 21 世纪核心技能框架图

---

[1] R&D经费指全社会研究与试验发展经费，其中R和D分别是research和development的缩写。

2015）一书指出，人们要在后现代社会中获得成功，必须拥有四种基本技能：（1）抽象技能，能抽象出模式和内涵；（2）系统思维技能，能看出诸多现象间的关系；（3）实验技能，通过持续的学习找到适合自己的方法；（4）与人合作的社会技能。从三大学习技能和四种基本技能内容的排列顺序看，思维能力是人的整体能力中最重要的能力。实际上，创造和革新离不开创新思维能力，正确理解事物、做出复杂的选择和决定、解决有难度的问题，离不开思维能力。

2011 年 9 月 26 日，PISA 项目创始人及总负责人施莱克尔来华讲学，在北大附中做了一场以"世界一流教育体系的特色，中国和世界的比较"为题的学术讲座（王庆环，2011）。施莱克尔认为世界一流教育有三个要素，分别是思维、资源和人才。把思维放在世界一流教育三大要素之首，表明教育的首要任务是培育思维。西方发达国家认为，教育的使命是培养学生形成健全的人格，成为一个完整的人，使之具有一种批判性思维能力，特别是培养学生原创性思考的能力。《国家中长期教育改革和发展规划纲要（2010—2020 年）》明确指出：教育的长期发展需要"促进学生全面发展""注重学思结合""营造独立思考、自由探索、勇于创新的良好环境"。这表明，培养思维能力已经成为我国教育发展立国立人的战略性任务之一。

2016 年，教育部正式颁发《中国学生发展核心素养》总体框架，该框架的总体目标是培养"全面发展的人"，基本内容包括"文化基础、自主发展、社会参与"三个发展领域，由此衍生出相对应的六大核心素养——人文底蕴、科学精神、学会学习、健康生活、责任担当、实践创新。六大核心素养引申出 18 个基本要点，人文底蕴包含人文积淀、人文情怀、审美情趣，科学精神包含理性思维、批判质疑、勇于探究，学会学习包含乐学善学、勤于反思、信息意识，健康生活包含珍爱生命、健全人格、自我管理，责任担当包含社会责任、国家认同、国际理解，实践创新包含劳动意识、问题解决、技术应用。由此观之，作为核心素养要素之一的思维能力，在人才培养中处于显要地位。

学科素养位于核心素养指标体系总体框架的下位。从学习角度看，思维贯穿于学习活动的始终。在学习过程中，思维能力具体表现在两个层面：一是通用层面，主要表现在抽象概括与逻辑分析能力上，这是接受知识、发现知识或建构知识的基本前提；二是学科层面，主要表现为学科特有的理解问题和分析问题的思维方式，这是学习者能够像学科专家一样深入思考问题时所需要的一种能力（李艺 等，2015）。从学科角度看，英语学科的核心素养包含语言能力、思维品质、文化品格、学习能力四大要素。其中，思维品质包含思维能力和思维人格特质两方面内涵，前者是认知因素或智力因素，如分析、评价、创造等技能，后者是非认知因素，如好奇、开放、自信、正直、坚毅等特质（沈之菲，2013）[56]。发展思维品质能够促进学生的深度学习。

种种迹象表明，思维在人才培养中具有举足轻重的作用，发展思维能力已成为基础教育课程的目标之一。

三、思维是否可教

邢红军（2016）认为，思维教学有三大议题：思维是否可教、思维教什么、思维如何教。这里先讨论第一个议题。当我们把视线投向学生时，我们可能无法回避"思维可教吗？"的问题。思维究竟能不能教，教育在"人的思维能力的发展中到底能够发挥什么样的作用"等问题上，向来存在着分歧。郅庭瑾（2007）指出，针对思维是否可教的问题，存在不可教和可教两种截然不同的观点。

"不可教观"又存在"不能教""教不会""不需教"三种不同认识。心理学家皮亚杰认为思维是不能教的，因为儿童的思维发展受到成熟、经验知识、平衡等因素的制约，而且思维的发展在不同的年龄阶段，有着相应不可逾越的顺序不变的阶段，受到不同年龄阶段所存在的一般逻辑结构的束缚，因此思维的强化训练并不能够导致思维的结构发生内源性变化。有的思维专家认为思维是教不会的，因为训练一般思维技能需要辅之以大量的具体知识，而这些具体知识的掌握并非是朝夕之间就能完成的，而且即便选好某种教学策略，教好了某种思维技能，在不同条件下思维技能却仍然派不上用场。广义的知识观认为思维是不需要教的，广义知识观用知识来解释思维，将知识、技能与策略融为一体，由此认为发展智力的任务已经包含在知识教学中了，用不着在知识和技能教学之外另立发展思维的炉灶。

"可教观"认为思维是可教的，且可以教好。同知识、价值、美德一样，思维既构成教育，也依赖教育。首先，知识和思维一样，都需要依靠学生自己在经验中摸索、体悟和积累，依靠学生有意识或无意识地将这种摸索和体悟所得进行内化，从而逐渐掌握所学的知识和思维。其次，思维能力的获得不是以知识的掌握为前提的。一个游泳能手，或许根本就不了解或无法讲清楚有关游泳的理论或原理，而他已经是一个游泳能手了。如果把游泳的理论视为陈述性知识，把游泳者的技能视为程序性知识，那么思维就是一种程序性知识，程序性知识的获得不以陈述性知识的掌握为前提。教师应当教会学生思维，要让学生"知道如何思维"，让学生掌握作为一种"非言语程序性知识"的思维，而不是传递有关思维的定义、概念、特性等陈述性的知识。换言之，要让学生真正达到"知道如何思维"，也并非必须让学生首先"知道思维是什么"。再次，思维的教必须强调学生自己自觉主动地经常性参与思维实践活动。正如"在游泳中学会游泳"一样，学习者要学会怎样思维，需要通过实践中无数次的"尝试错误"，在多次的尝试中，发现某些思维方法比另一些思维方法更为快捷有效，然后经过验证和反思，构建能够解释此种思维方式的有效性理论，以指导以后的思维实践。

文献显示，"可教观"占了上风。杜威（2005）[27]认为训练思维会避免人的思维发展停滞不前，并引导人的思维往正确的方向发展。他援引洛克（John Locke）的话："思维训练能够发挥思维的最好的可能性而避免其最坏的可能性。"20世纪80年代中期，美国教育界热衷于如何把思维技巧教给学生的课题，有20%的院校开设了思维技巧课（曾祥芹 等，1992）。美国哥伦比亚大学哲学系教授李普曼（Mathew Lipman）提出"儿童哲学"方案，将儿童哲学作为一门促进学生思维发展的专门课程，用集体探究的方式，儿童哲学在学生思维的发展中也已经表现出明显的效果，显示出特有的功效和价值。美国密涅瓦（Minerva）大学创立于2012年，这所大学没有固定的地域，以城市为校园，学生可以在世界上七个国家的大城市中居住、生活、学习，并切身感受当地民生、文化、政治、经济、历史和新趋势。Minerva是古罗马的智慧女神的名字，顾名思义，该大学希望传授最重要的智慧，使思维方式成为学生终身受用的工具。在教育实践中，他们把课程知识作为学习思维方式的载体，让大学一年级学生训练129种思维习惯，并将这些思维习惯运用到后续的专业学习中去（李达 等，2015）。

人的思维基因是天生的，但若不训练，思维基因势必退化。李其维等人（2005）把教育在思维发展中的作用作为专题研究。结果表明，教育是作用于思维发展的决定因素，合理的、适当的教育措施，把握客观诸因素的辩证关系，能挖掘小学儿童运算中思维品质的巨大潜力，并能促进教学质量的提高，得出"思维能力是可培养的"的结论。台湾学者黄武雄说："学校教育应该做，而且只要做两件事，一是打开人的经验世界，二是发展人的抽象能力。"（张克中，2014）"打开人的经验世界"，是指教育者传授关于世界的直接知识和间接知识；经验世界是自在世界所呈现出来的世界，是一个客观的世界，也是一个主观的世界。"发展人的抽象能力"，即培育学生各学科思维能力，如批判性思维、创新性思维、多元思维等。黄武雄还说："如果说学校教育还有第三件事该做，那么便是留白，留更多的时间与空间，让学生去阅读、去创造、去冥思、去幻想、去尝试错误、去表达自己、去做各种创作。"

大量研究表明，思维是可教的，是可以通过专门的训练教会的。

第二节　语言创新思维结构内涵及学理依据

一、语言创新思维结构内涵

在英语文学体验阅读课题研究中，我们提出"语言创新思维"概念，由此引申出"语言创新思维能力"（language innovative mindsets，简称LIM）。语言创新思维能力是三维思维结构，即逻辑性思维技能（logical thinking ability）、批判性思维技能（critical thinking ability）和创造性思维技能（creative thinking ability）。语言创新思维结构主要讨论思维的认知因素，研究中既考虑到通用层面的思维技能，也考虑到学科层面的思维能力。LIM结构体系如图4-2所示：

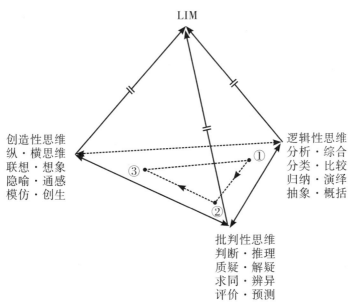

图4-2　语言创新思维能力结构图

三维立体结构图的底面各角分别代表①逻辑性思维，②批判性思维，③创造性思维；底面内部三角环路表示三维思维的序列关系；底面三条边为双向箭头，表明三维思维之间相互联系、共同作用；三条边向上延伸构成立面体，立面体的顶端即为LIM；三条延伸线中间有隔断线，表示三维思维组合因人而异，思维能力存在个体差异。

从结构要素看，每一个维度有四类八个思维技能，每一类有两个在同一思维层面相对应的技能。从结构体系看，三维思维处于同一层级三维立体的侧面，自下而上发展，形成互为关联的统合体。从思维内容看，逻辑性思维技能包括分析综合、分类比较、归纳演绎、抽象概括；批判性思维技能包括判断推理、质疑解疑、求同辨异（即求同思维和求异思维）、评价预测；创造性思维技能包括纵横思维（即纵向思维和横向思维）、联想想象、隐喻通感、模仿创生。从思维流程看，逻辑思维是创新思维的前提，即以逻辑性思维为起点，逐步引申发展为批判性思维，最后到达创造性思维的终点；其中，逻辑性思维是语言分析与理解所必需的思维活动，批判性思维在语言意义的评判中发挥重要作用，创造性思维是语言分析、理解和运用中创新思维的产品。从思维整体看，语言创新思维是多种思维方式综合交互作用的复杂过程，换言之，生成有价值的思维产品不是单一的心理活动，而是逻辑的、非逻辑的思维方法互为补充、共同推动的结果。（黄远振 等，2014）语言创新思维三维结构图各项技能的内涵简述如下。

1. 逻辑性思维技能

（1）分析综合。分析是把研究对象的整体分解为部分，把复杂事物分解为简单要素，把过程分解为片段，把动态作为静态来研究的一种思维方式。综合是把研究对象各个部分、各个方面和各种因素结合起来，动态地考察研究对象的一种思维方式；综合不是简单地将部分进行叠加或堆砌，而是按照事物各个部分和要素间本质的、有机的联系，整体地呈现事物的本质及其规律。语言教学中分析与综合彼此交错，联合应用于解决问题过程，如划分出语篇结构要素并将各要素串起来形成一个整体。

（2）分类比较。分类是根据研究对象的共同点和相异性，把它们区分为不同种类的思维过程；其中，现象分类一般从现象开始分析事物的外在联系或外部特征，本质分类是根据事物的内在联系和本质属性进行同异分类。比较是确定研究对象之间存在差异性和同一性的思维方式，它应满足同一性、多边性和可比性三个条件，操作上通常分描述、解释、并列和比较四个步骤。分类和比较相互联系，依据属性、时空、目的、方法等标准认识研究对象的性质和内容。

（3）归纳演绎。归纳是从个别或特殊的经验事实出发推出一般性原理或原则，它以"经验概括"为起点，经过"理论""假设"，到达"观察"的终点。演绎是从一般性知识前提出发得出个别性或特殊性知识的结论，它从"假设"出发，历经"观察"和"经验概括"，到达提炼"理论"的终点。归纳和演绎相互依存，没有归纳的演绎只是一种智力游戏，没有演绎的归纳只是一种经验总结；归纳和演绎循环往复，使思维内容不断丰富和完善。

（4）抽象概括。抽象既是思维的成果，也是思维的方法。作为思维成果，它指抽取各种研究对象与现象之间的本质属性或规律；作为思维方法，它指抽取事物的各种本质属性，形成关于事物的概念。概括是把从各种事物中抽象出来的共同特征联合起来的过程，也是把具体概念一般化，并推广到同一类事物上去的过程。抽象是概括的反映，概括是抽象的结果；抽象和概括是去粗取精、去伪存真、由此及彼、由表及里的思维过程，也是在逻辑思维中认识事物本质的思维方式。

2. 批判性思维技能

（1）判断推理。判断是肯定或否定研究对象及其属性的思考，它借助肯定或否定的形式反映研究对象及其属性之间的一些个别关系。有意识地对事物或命题做出正确的判断或进行有理据的思辨，必须遵守同一律、矛盾律和排中律等逻辑规律。推理是由一个或几个已知的前提，推导出一个未知的结论。形式逻辑的推理又分演绎推理和归纳推理：前者从一般规律出发，运用逻辑证明，得出特殊事实的规律；后者从许多个别的事物出发，概括出一般性概念、原则或结论。

（2）质疑解疑。质疑是发现问题提出问题，是学习主体思维活跃，善于思考的表现；质疑是探求新知的起点，"提出一个问题往往比解决一个问题更重要"，因此"学则须疑""学贵有疑"。解疑是在发现问题或问题生成后展开的思疑、辨疑和释疑等一系列活动，巧于解疑是创新思维的升华，表现为善于分析问题、提出假设、寻找证据和解答问题。"学起于思，思源于疑"，质疑和解疑具有主动性、反思性和探究性等特点，二者有机结合是阅读教学文本解读的重要表征。

（3）求同辨异。求同辨异是指求同思维和求异思维。求同思维又称聚合思维或收敛思维，是为解决某一问题，朝着某一方向思考，根据已有的经验和知识，得出的最佳结论或解决办法，它具有条理化、简明化、规律化等特点。求异思维又称发散思维或辐射思维，指解决问题中不拘泥于一个途径或一种方法，而是朝各种可能的方向，多角度全方位地思考问题，它具有逆向性、新奇性和挑战性等特点。求同辨异相互影响、相互渗透、相互作用，二者虽目标不同，但可以对立统一。

（4）评价预测。评价是为了某种目的，根据生活常识、思维定式或一定的标准，对观念、作品、答案、方法和资料价值等做出逻辑评判，它具有主观性、经验性、情景性等特点。预测是根据已有的价值标准，对新的或未知的信息做出逻辑的理性的洞察、判断和推测，它具有判断性、可能性、开放性等特点。评价预测在语言教学中用途很广，如英语阅读中读者根据已有经验对文本做出价值判断、进行独立评论，或根据已知信息的知觉图式，对所读内容做出心理预测。

3. 创造性思维技能

（1）纵横思维。纵横思维即纵向思维和横向思维。纵向思维指的是在某一问题结构范围内，按由低到高、由浅到深、由始到终的顺序，遵循可预测、程式化方向进行思维，其跳跃性、递进性、可预见性等特点有助于深入探究、把握事物发展的动态。横向思维是指突破问题的结构范围，扩大思维广度，从其他领域的事物和事实中得到启示，并产生新设想的思维方式，其不可预见性、宽广性、交融性等特点有利于拓宽思路、多元思考。纵横思维策略配合互补，能使思维兼具深度及广度。

（2）联想想象。联想是由一事物触发而想到另一事物上的思维活动，它基于相似性原理，整合那些已被分离和改变过的元素，使之成为一个复杂的表象系统，创造出新的事物形象。想象是形象思维的高级形式，它以表象为基础，通过联系，在原有情感形象基础上重新加工而形成新的形象。想象的基本特征是不按常规思考，它会让人去探索那些无法感知、接触，甚至是根本不存在的领域，并发现、认识、创造新事物。联想有类似联想、接近联想、对比联想、因果联想之分，想象有无意想象和有意想象之分。

（3）隐喻通感。隐喻通感即隐喻思维和通感思维。隐喻不仅是一种语言现象，更是一种思维模式。隐喻思维是用一种事物来认识、理解、思考和表达另一种事物的认知能力，它根植于语言、文化和概念体系中，具有形象性、联想性和想象力等创造性特征。隐喻能力分隐喻理解和隐喻表达，前者是识解和接受词义扩展机制的认知技能，后者是语言产出中创建跨概念域类比联系的能力。通感思维是一种高级的感受事物的能力，是由一种感觉引发，并超越这种感觉的局限，领会到另一种感觉的心理现象，因此它具有感知性、交互性、超感性等特点。通感能力分通感理解和通感表达，前者是获取立体化的语言感受和多感性的审美意象，后者是运用触觉、味觉、嗅觉、痛觉、视觉等联觉功能，感知事物间相似的物理属性和心理属性。

（4）模仿创生。模仿是指依据已有的思维模式来模仿认识未知事物，是个体自觉或不自觉地仿照他人行为、使个体行为与他人相同的过程，它具有自愿性、相似性、意识性等特点。外语学习基本上是一个将他人语言变为自己语言的过程、以他人使用语言的方式表达自己思想的过程，这种学习过程必定离不开模仿（王初明，2012）。创生即创造性生成语言思维产品的过程，它具有建构性、开放性和发展性等特点。创生分深层理解和创意表达：前者是学习者对输入信息产生类比或表象，或理解文本结构和语义脉络；后者是学习者新旧知识的相互作用，产生有意义的新发现，运用拓展、转换、改进等方法表达个人化思想。总之，模仿创生是从再造性思维到创造性思维的有序化过程。

二、语言创新思维学理依据

语言创新思维的三维结构模型是基于教育学、思维学和阅读学的理论依据和长期的语言实践经验构建的。在教育学方面，1982年美国"全国英语教师协会"号召全体成员为讲授思维技巧承担特殊的责任，其理由是"思维与语言密切相关"，协会还建议英语教师培养学生三方面思维技能，即创造性思维、逻辑性思维和批判性思维（曾祥芹　等，1992）[48]。潘涌（2014）在论述"浅教""深教"时提出帮助学生开启未来世界的

"金钥匙"概念。所谓金钥匙，即质疑批判、独立评论和逻辑演绎的能力。美国的"三方面思维技能"与潘涌的质疑批判、独立评论和逻辑演绎分别对应于语言创新思维的三个维度，只是在排列顺序上有所不同。三维结构体系把逻辑性思维提前、批判性思维居中、创造性思维后置，主要依据逻辑思维的重要性和思维流程的有序性。联合国教科文组织曾邀请全球500多位教育家，请他们列出自己心目中最重要的教育目标，结果显示，"发展学生的逻辑思维能力"居16项教育目标的第二位。20世纪70年代，哈佛大学进行一次教学改革，规定不论文科理科的学生都必须把培养逻辑思维能力放在首位（江言，2011）。逻辑思维能力是"全面发展的人"的基本能力，逻辑具有求真和求善的功能，有助于提高人际交往能力、文化沟通能力和创新思维能力，倡导创新人才培养和批判性思维，其核心正是逻辑理性（张晓芒 等，2011）。在我国国民教育体系中，逻辑与科学思维教育是一个极其薄弱的环节，把逻辑性思维放在"第一位"合情合理。之所以把批判性思维放在"第二位"，是因为"批判性思维必须以比较、分类、分析、综合、抽象和概括等一般性思维能力为基础"（刘儒德，2000），且"从本质上说，批判性思维是逻辑的应用，是逻辑应用的延伸和拓展"（杜国平，2016）。事实上，我们提出的逻辑性思维、批判性思维、创造性思维的顺序，与"问题意识→解疑释疑→创意表达或独立评论"的问题解决过程相一致，体现了"人的整个思维流程是从逻辑性思维开始，继而引申批判性思维，并以创造性思维结束"的心智过程的逻辑机理（江言，2011）。

在思维学方面，文秋芳（2012）[31] 在建构思辨能力层级模型中，认知技能列举了"分析、推理、评价"三项核心技能。分析技能包括归类、识别、比较、澄清、区分、阐释等分项技能；推理技能包括质疑、假设、推论、阐述、论证等分项技能；评价技能是指对假定、论证过程、结论等的评判技能。其中归类、比较、区分等核心技能与逻辑性思维的要素基本吻合，质疑、推论等推理技能与批判性思维部分技能重合，论证、结论等评价技能属于创造性思维、纵横思维及创生等技能。文旭（2013）根据脑科学和全人教育的原理，提出以"思"为基础的外语教育理念，主张重点培养用外语进行思维的能力、批判性思维能力、创造性思维能力。

他虽未提及逻辑性思维能力，但在"用外语进行思维的能力"中描述"人们以语言为中介，运用分析、综合、概括、抽象等思维方法，认识新事物、解决新问题，反映客观世界"的思维活动，这些思维活动总体属于逻辑的范畴。换言之，逻辑性思维有别于批判性思维和创造性思维，是独立存在的思维技能。可见，以"思"为基础的外语教育理念跟三维思维结构观基本吻合。

邢红军（2014）指出，思维的深刻性、灵活性、独创性、批判性是完整的思维品质组成因素，其中灵活性、批判性与独创性的相关系数最高，独创性程度与批判性程度具有高相关，深刻性与独创性的相关系数低。这表明，逻辑思维未必能产生创造性思维，发散思维是创造性思维的前提，批判性思维是创造性思维的表现。上述四种思维品质与思维能力互为观照，对于"三维思维结构"有很强的解释力。第一，思维的深刻性是一切思维品质的基础。逻辑性思维是语言创新思维的基础，逻辑的求真功能在于培养理性分析、深入探究的精神。第二，思维的批判性是基于深刻性发展起来的品质。同样，逻辑性思维会引申出批判性思维，深刻地认识和周密地思考立足于理性分析，才能全面而准确地做出判断；不断自我反思和调节思维，才能深刻地揭示事物的本质和规律。第三，思维的灵活性和独创性也是基于深刻性发展出来的两种品质；灵活性具有广度和顺应性，独创性具有深度和新颖性。灵活性跟批判性思维关系密切，如果说独立思考和多元思考是批判性思维的特征，那么灵活性就是多元思考的表现。独创性在思维产出中获得创造力，是创造性思维的表征。批判性思维与创造性思维相互交叉、互为条件，批判性思维是创造性思维的基础，创造性思维是批判性思维的发展。

在阅读学方面，加拿大阅读教育分三个层次，由低向高发展，构成"金字塔"形状思维能力。第一层侧重字面阅读，训练发现事实和具体理解能力；第二层注重字里行间阅读，理解作者意图，训练分析与评判能力；第三层看重阅读言外之意，联系生活，训练创造性表达的能力（曾祥芹 等，1992）[69]。这三个层次对应于三维思维能力。德国学者认为阅读是一个包罗万象的完整的精神过程，是一个把握文章含义及实现文章含义的思维过程。一般来说，阅读过程包括六个发展阶段：（1）吸收词义；（2）理解及把握含义联系；（3）理解及解释文本内容含义和联系；（4）批判性地分析文章，了解作者写作意图；（5）创造性地综合归纳，把已知与新知相结合；（6）创造性地模仿所读作品。从三维思维能力看，在这六个渐进性阅读阶段中，（1）（2）属于逻辑性思维，（3）（4）属于批判性思维，（5）（6）属于创造性思维。这说明，当代阅读研究已从"思考的内容"转向"思考的过程"，沿着语言创新思维的逻辑流程发展。

"人的精神发育史就是他的阅读史。"阅读在人的成长道路上具有"精神向导"的效用，有助于实现"从具体走向抽象、从单一走向多元、从个体走向主体"三个走向。在工业化时代，"社会人"出现了严重的异化，最明显的表征是缺少独立思考和行动的意识与能力，千千万万的人一副面孔、一种精神状态。要逃避这种结局，唯有通过读思结合、知行合一，把自己树立为一个主体，把自主思考和行动与他人联结，共同处理社会事务，才能产出深刻性、新颖性、创造性、灵活性的成果（张以瑾，2015a）。用三维思维结构观分析现代社会人的三个走向："从具体走向抽象"即逻辑性思维，是主动走出精神困境的前提；"从单一走向多元"即批判性思维，是自觉实践独立思考多元思考的重要环节；"从个体走向主体"即创造性思维，是力图摆脱千人一面的精神状态，产出创造性成果的最关键一步。从这个意义上看，阅读的最高目标，是为了人的发展，为了社会的发展；读思互动、学思结合是培养语言创新思维能力的有效途径。

第三节　学思结合与为思而教的教育价值

一、外语教育学思结合是否可行

1. 学思结合的两种观点

在学思结合概念中，"学思"是并列名词，但具有动词特征；"学"指学习英语知识和技能，"思"指学习语言创新思维能力。外语教育学思结合可行吗？这个问题无法回避。

西方教育史上曾经有过"形式教育"和"实质教育"之争。形式教育即思维训练，是18世纪欧洲一种教育学说，该学说认为普通教育主要任务是训练感官能力，发展学生的思维、想象和记忆能力，而不是传授大量的知识，因为最宝贵的并非学科的基础知识，而是对发展性产生影响的理智能力。实质教育即知识教育，又称"实质训练"，是18—19世纪欧洲对立于形式教育的一种教育学说，该学说主张普通教育的要务是帮助学生获得有实际用处的知识，而无须特别训练理智能力，因为学习知识本身对发展智力具有一定的作用，亦即学习知识包含着能力的培养。在历史上甚至在当下的教育实践中，仍然可能存在二者割裂、厚此薄彼的现象，选择两种不同教育观的状况。

知识代表着人类对客观世界的认知成果，只有丰富了知识才能发展人类的认知成果。但是，知识和思维之间既存在着区别也有着密切联系。一方面，知识不等于思维，没进过学校系统学习知识，人的思维也在不断发展。另一方面，思维又与知识密切联系，思维基于知识并超越知识，思维的发展不能在真空里进行，而是在学生掌握知识的过程中进行的。外语教学中传授知识和训练思维并不矛盾，前者帮助个体接受新的经验知识，为思维提供加工的原料，后者改善知识获得的心理机制，促进个体产生新的逻辑—数学类型的知识，二者相辅相成、相得益彰。学思结合理念即把发展思维和知识教育紧密地结合在一起，通过知识教育去促进学生的思维发展，通过发展思维去促进知识的掌握。从这一点看，知识与思维无所谓孰先孰后，关键是正确处理它们之间逻辑上的辩证关系。

2.学思结合的理论依据

从理论角度看，英语学习本质、英语学科特点及人才培养要求决定了学英语必须学思维。

首先，英语学习本质决定学思应当并行。语言与思维有着天然的联系，语言既是人际交流的中介，反映社会、文化、历史的发展，又是个体内部思维的中介，体现个体任务活动的成果；人们在学习语言时，无论是输入还是输出的加工都离不开思维能力。儿童学母语的主要任务并非学一套语言符号，而是掌握语言符号背后的意义，只有掌握了概括事物的一套概念系统，才能促进儿童思维发展。如果学习英语仅仅意味着记住"狗是 dog，猫是 cat"，即把英语语言符号与母语相关概念系统直接挂钩的话，就不可能发展思维。要在学习英语的过程中进一步发展思维能力，需要领会英语中的活语言，体会英语词汇背后的概念、情感和思想。换言之，学外语不仅要学一套语言符号，也要进行一系列思维活动，语言是个体从低级心理功能转化到高级心理功能的最重要的符号中介。

其次，英语学科的功能规定学思务必并用。学习任何学科都具有双重价值：一是掌握学科知识，二是获得思维发展，理想的教育是学思并重的（杜威，2005）[211]。英语是一门语言学科，自然具有培养语言能力与思维能力的双重功能。现有英语教学偏重说、演、动、跳等表面形式，淡化语言学习是从深层理解到表层表达的过程，忽略语言、思维和心智的全面发展。针对英语课程语言和思维脱节的现状，龚亚夫（2012）建议设定独立的"认知与思维"目标，增加评判性与创造性思维内容，详细描述思维目标，倡导采用由易到难的"记忆→理解→运用→分析→评价→创造"思维活动来培养思维能力。事实上，中小学生完全可以通过英语学习实现认知与思维目标，而且学思结合越早越好，因为"越是语言水平低的学生越需要思维性的活动，越需要认知上具有挑战性的活动"（Waters，2006）。

最后，人才培养目标要求学思应当并重。"现代的机械教育，总不肯学思并重，不肯叫人举一反三，所以永远教不出什么来。"[①]这是 20 世纪

---

① 引自林语堂《论趣》一文。

30 年代林语堂先生批评教育的一句话，说明学思可以并重，学思并重有助于触类旁通。当今培养创新人才的核心内容是思维能力，《国家中长期教育改革和发展规划纲要（2010—2020 年）》把培养思维能力作为一项教育发展战略性任务，哈佛大学把培养学生的批判性思维能力作为教育使命，牛津大学把培养学生的原创性思维能力作为首要的教育目标。研究表明，基础教育阶段是培养青少年创造性思维和创造性人格的关键期，关键期错过了，就会事倍功半（宋晓梦，2011）。国内研究团队借鉴国外"创造思维测验"研制了创造性想象测量表，以此对 2 万多名 6~18 岁的中小学生进行测量。结果显示，小学生创造性想象力的增长速度最快，初中生增长较为平缓，高中生保持在稳定状态。这说明小学阶段是培养青少年创造性思维的黄金期（李秀菊，2016）。

3. 学思结合的实践依据

从应用角度看，外语价值、课程功能及教学实践表明学思可以相互融合。

其一，外语的价值决定了学思能够相伴相随。任何语言都包含凝聚该民族生活实践的文化心理概念、印刻在词汇和语法中的语言世界图景，以及反映对象意义、社会定型和认知体系的世界映象。英语学科与西学关系最为密切，它汇集西方思想和文化的精华，承载了语文、政史、数理化等学科较难提供的独特学习机会，具有培养思维的特殊价值。在学外语中训练思维至少有三大好处：一是有助于把思维对象与一套新的概念范畴和语言符号对应起来，掌握一套与母语不同的概念系统；二是有利于形成产生言语行为的语言个性、理解言语作品的语言能力与生成新知识的心智能力；三是可以学习另一种思维方式，通过英语学习一种新的思维方式，掌握一种认识世界的新视角，构建一种向外部世界表述中国文化、中国形象的话语体系。

其二，课程的功能决定了学思能够相互结合。外语课程对培养学生的思维能力有独到之处。研究证明，与其他文科生和理科生相比，外语专业学生更加开放，对不同意见的容忍度更高，更愿意抵制自己的偏见，更具有倾听能力，更具正义感，更能避免盲从等（文秋芳 等，2014）。这从一定程度上印证了学习一门外语既是在学习一种新语言，也是学习一种新思维方式；外语学习为学生打开不同文化的窗口，有利于学生与具有不同世界观、不同价值观人群之间的交流和沟通。近年来，思维能力已进入我国英语课程标准的视野：《普通高中英语课程标准（实验）》（2003）两次提及"创造性思维"，三次提到"批判性思维"；《义务教育英语课程标准（2011 年版）》多次提及"发展思维能力"。这表明外语研究者已经达成共识：英语课程是学思维的平台，学思结合是一种理性选择。

其三，外语教学实践决定了学思能够相辅相成。语言学习的根本途径是学用协同，因为人的思维与语言密不可分，语言能力的发展离不开听说读写的言语实践。《学思维活动课程》共 8 册，小学 6 册与生活密切相关，初中 2 册结合具体学科（胡卫平，2011），这说明低年级也能够培养学生的思维能力。实际上，简单的语言照样可以设计复杂的思维活动，听说读写活动都可能卷入认知和思维的过程。在英语学思方面，有不少成功的案例。譬如：有的将创新思维活动植入基础英语学习圈，在理解语言、解读文本和生成语言中训练学生逻辑的思考、理性的批判和灵活的创造；有的利用英语绘本培养小学生阅读思维；有的在阅读教学中培养初中生逻辑思维能力和辩证思维能力；有的应用阅读任务培养高中生深层理解能力和训练高阶思维能力。

二、以文学阅读发展语言创新思维

当前我国英语教学范式已经发生变化，从注重语言的规约性，转变为注重语言的创新性，研究的焦点转向如何培养学习者的创新意识和能力（杨忠，2015），文学阅读教学顺应了英语教学范式的转变。以文学阅读发展语言创新思维基于以下三种假设：

其一，阅读能够产生学习动力源。文学作品一般选自童话故事、寓言故事、生活故事、英雄故事、科学家故事和益智故事等，文学读本或有个性鲜明的人物，或有激动人心的事件，或有扣人心弦的情节，或有生动形象的情境，这些内容是发展好奇心的自然条件，能够把读者引向有目的、能产生结果的、探究知识的情境中，使探究精神转化为求知欲，变为向他人和书本求教的能力，继而产生可持续的阅读动力。陆佩弦（1998）说，在中学最后一年他还看完了阿瑟·柯南·道尔（Arthur

Conan Doyle）的 *The Complete Sherlock Holmes*（即《福尔摩斯探案全集》，长达一千多页），看侦探小说时从未想过要提高英语实践水平，而只是被故事的情节所吸引，通常在未知作案人是谁之前放不下书本。显然，驱使他阅读小说的动力是好奇心和兴趣。

其二，阅读能够培养语言创新思维。认知是阅读理解的前提，认知即从外部获得刺激或信息，激活原有的内部知识，新旧知识发生关系，产生互动，并得出新的理解。文学阅读是高层次认知活动，它需要运用逻辑性思维对语言进行条理化和系统化梳理，也需要运用批判性思维对作品进行解读和赏析，还需要运用创造性思维对作品进行评价、鉴别和重构。想象是创造性思维的要素之一，创造性想象是创新不可缺少的元素，它是人脑对已有的表象进行加工改造从而创造出新形象的过程。表象是创造性想象的重要原材料，文学阅读是读者大量积累表象的有效方法。阅读中读者会通过作品的人物、事件、情节等要素领会作者的写作意图和思想，在理解和欣赏中联系自己的知识和经验，通过联想想象等技能生成新的意义。

其三，阅读能够发展英语学科素养。单词 literature 和 literacy 是同源词，均源自拉丁语。literature 本义是"通过阅读所得到的高雅知识"或"博览群书的"，后引申为"具有高度的书写能力"，现指"写得很好的书"或"具有想象力或创意的作品"，如小说、诗歌、散文等。literacy 意指"识字""阅读的能力及博学的状态"或"读写能力"。在西方人眼里，不会读文学作品的人就是文盲或无知的人，所以 illiterate（"文盲"）指的是读写能力很差的或受教育程度不高的人。文学是人文精神的反映，集中社会万象，是一个民族语言与文化的结晶，文学作品是识字和启智的上佳语料，文学阅读能够发展学习者的英语学科素养，在学思结合中提高语言能力和思维品质，在大量阅读实践中提高文化品格和学习能力。

以文学阅读发展语言创新思维，教师需要提高自身的学科素养和教学能力。首先，要努力激发学生的好奇心。好奇心是人的外部倾向，它是扩展经验的基本要素，是反省思维的胚芽中的最初的成分，且会由低向高发展，升华为理智的行为；如果忽略好奇心的存在，不引导其进入理智的水平，好奇心便会退化或消失（杜威，2005）[40]。我们应当根据学生的年龄特点和认知水平，为他们提供可理解、有趣味的读本。其次，要增强培养学生思维能力的意识。阅读教学中应把发展语言能力和思维能力作为主要的目标，创造一切可能的机会启发学生质疑和解疑，如设计追问式、探究性、开放性问题，引导学生交流分享个人观点或发表评论，在逻辑性思维和批判性思维的基础上，书面回答一些阅读思考题，动手写一点读后感或作品概要。再次，要注重评价学生的思维能力。考试是一根指挥棒，如果设计试题时能够区分记忆题与思辨题，适当提高思辨题的分值，就会对阅读教学产生正面的反拨作用；如果设计跟语言创新思维相对应的试题，就会推动学生积极关注和提高自己的思维能力。特别重要的是，教师要加强培养自身的思维素质。一方面，要学习青少年认知思维发展的理论，掌握一些思维科学的基础知识，如思维结构、思维类型、思维品质的内涵，逐步提高思维培育的理论修养。另一方面，要结合学科教学活动锻炼思维教学能力，学会处理知识教学与思维训练的基本矛盾，能够选择思维训练的内容，懂得设计思维教学目标，善于运用思维教学方法，组织有价值的思维活动，开展各种思维培育的行动研究。只有这样，才能有效地通过阅读教学发展学生的语言创新思维能力。

本章小结

　　思维是人脑一种特有的机能，具有概括性、间接性、逻辑性和目的性等特征，思维结构主要包括思维目的、思维过程、思维材料、思维自我监控、思维品质、思维中的认知与非认知因素；思维的类型多种多样，分别有直观动作思维、具体形象思维、抽象逻辑思维、直觉思维、分析思维、聚合思维、发散思维、个体思维、群体思维以及灵感思维等。思维能力是人的整体能力中很重要的组成部分，也是英语学科核心素养的要素之一，在人才培养中处于显要地位，发展思维能力已成为基础教育课程的重要目标。在思维教育方面，存在不可教和可教之争，大量研究表明，思维是可教的，是可以通过专门的训练教会的。

　　基于教育学、思维学和阅读学的理论基础，建构语言创新思维三维结构模型，其中逻辑性思维包括分析综合、分类比较、归纳演绎、抽象概括，批判性思维包括判断推理、质疑解疑、求同辨异、评价预测，创造性思维包括纵横思维、联想想象、隐喻通感、模仿创生。研究显示，外语学习本质、英语学科特点及人才培养要求决定了学英语必须学思维，外语价值、课程功能及教学实践表明学思可以相互融合。英语文学阅读能够产生学习动力源、培养语言创新思维、发展英语学科素养。以文学阅读发展语言创新思维，教师需要努力激发学生的好奇心，增强培养学生思维能力的意识，注重考查学生的思维能力，同时要加强培养自身的思维素质，在英语学科教学中能够合理选择思维训练的内容，懂得设计思维教学目标，善于运用思维教学方法，组织有价值的思维活动。

第五章　文学阅读课程化

　　英语学习者喜欢接触各种文学读物，但在接触的同时，会存在一些阅读上的困难，期待教育者给予支持与帮助。中学阶段开设文学阅读选修课或拓展课是常见的做法。文学阅读课程包含思维目标、阅读要求和评价策略三个要素：思维目标分思维能力和思维品质，前者是智力因素，后者是非智力因素；阅读要求包含阅读量化和阅读行为两方面，量化分一般要求和较高要求，行为指认知方式和阅读情志；评价策略包括成长记录袋评价和表现性评价，前者以含蓄的方式引导自主阅读，后者是在教与学活动中即时的评价与反馈。

第一节 文学阅读需求分析

在教育领域中，需求是指学习者为真正学到相关知识和技能所要做的事情，即学习者感受到目前的不足或欠缺和对未来的要求。换言之，需求是指学习者对其现有能力和水平的正确认识和对未来理想目标的一种认知。需求一般分为目标需求与学习需求、客观需求与主观需求、觉察需求与意识需求、个人需求与社会需求、短期需求与长期需求、内在需求与外在需求等。其中，客观需求是指学习者的背景、现有语言水平、语言学习过程中遇到的困难和知晓如何使用所学知识来解决问题；主观需求是指学习者的认知、情感等心理方面的需求；个人需求指学习者目前实际水平及其希望达到的水平之间的差距；社会需求是指社会和用人单位对学习者语言能力的需求。

需求分析是一个系统地收集和分析相关信息的过程，主要通过内省、访谈、观察和问卷等手段研究需求的技术和方法。需求分析如同医生对病人进行诊断，其作用在于为外语教育规划、政策制定、课程设置、课程内容设计、教学方法等方面提供依据。需求分析既是课程改革的要素，也是课程改革过程中不可或缺的步骤，它是基于定性和定量相结合的实证研究，既有问卷调查等定量分析，又有访谈等定性研究，将各种方法和信息源综合运用、互相印证，以达到量的规模和质的深度。

在国家社科基金项目"英语文学体验阅读与语言创新思维研究"（11BYY044）课题研究中，课题组采用问卷调查和个人访谈相结合的方式，从不同角度全方位了解英语学习者文学阅读的需求。其中"英语学习情况调查问卷"分初中生问卷、高中生问卷和大学生问卷，三份问卷结构完全相同，问题和措辞大同小异。本章以大学生问卷（参见本书附件）为例说明需求分析方法与步骤，供教育研究者参考借鉴。

一、调查问卷与深度访谈

本调查问卷包含20道选择题和1道自由作答题，其中8题为定类测度，11 题为定序测度，选择题又分单选题和多选题。问卷调查主要了解学生对英语文学阅读的认识、学习现状、文学作品选材的需求，对目前阅读教学的问题和相关建议等。根据设题意图，20 道选择题涵盖三个维度十个项目。其一，英语文学阅读的基本情况，包括阅读数量、阅读时间、阅读方式、阅读困难；其二，阅读英语文学作品的个体愿望，包含阅读目的、喜好程度、作品体裁、阅读感受；其三，对英语文学阅读环境的需求，涉及教师帮助、材料来源等。自由问答包含"关于文学阅读，您是否还有什么希望补充的见解？对于英语阅读教学，您有什么意见和建议？"两个问题，试图了解学生对英语文学阅读和阅读教学的看法和建议。

第一题"您第一次课外阅读英语文学作品是在什么时候？"旨在划分阅读群体，设 6 个选项：A.我没有在课外阅读过英语文学作品；B.记不清是什么时候；C.上小学以前；D. 小学期间；E. 初中期间；F.高中期间。若选择 A，表明被试答卷时从未读过英语文学作品，可直接跳到第 13 题继续作答；若选择其他选项，说明被试答卷时已读过英语文学作品，应按顺序逐题作答。

问卷设计后进行了一次试测。为了做好试测工作，课题组制定了一份周密的试测方案，包括试测的目的、对象、日期、准备、步骤以及注意事项等。试测主要目的在于：（1）检验问卷编制是否存在问题；（2）了解学生对问卷的理解程度和回答问卷的主观感受；（3）获知学生对问卷的意见和建议；（4）测算完成问卷所需的平均时间（统计数据显示，被试完成试测问卷平均需要 17.5 分钟）；（5）获得问卷各题的一些数据分布信息，避免天花板效应和地板效应；（6）摸索问卷施测的细节和应注意的问题，锻炼施测能力。试测对象选取一所一般初中学校、一所普通高中学校和一所新建本科院校，邀请初二、高一、大一学生各 10 名共 30 名参加试测，以了解认知发展水平相对较低的学生是否能理解本问卷。试测结束后，当场向学生了解问卷设计情况，大部分被试表示能够理解问卷，认同问卷的设题和措辞，部分学生反映了一些问题，提出了一些建议。课题组根据试测中反馈的意见，修订调查问卷并定稿。

访谈是基于问卷调查的承接性进行深度调查，主要目的是补充搜集问卷中一些关键问题的资料，以检测两种渠道所获得的数据是否能相互印证。学生访谈内容设置 5 个问题：

①你喜欢阅读汉语文学作品吗？为什么？

（若回答"喜欢"，你喜欢阅读哪些文学作品？能说出一部印象最深的作品吗？）

②你喜欢阅读英语文学作品吗？为什么？

（若回答"喜欢"，你喜欢阅读哪些文学作品？能说出一部印象最深的作品吗？）

③你感到阅读中遇到的最大的困难是什么？

④你的英语老师有没有引导或帮助同学们进行英语文学阅读？

（如果有，进行了何种形式的引导和帮助？）

⑤你觉得阅读英语文学作品是否有助于学习英语？

为了统一对"文学阅读"的理解，访谈者在访谈之前应先向受访者做一个口头解释，说明访谈中提到的"文学阅读"指的是阅读小说、诗歌、散文、童话、神话、故事等文学作品的行为；文学并不仅仅包括经典名著，当代文学、网络文学、校园文学等也属于文学作品；但是考试时的阅读和各种阅读理解训练则不算在内；阅读包括默读和朗读。访谈时需要特别注意以下事项：

第一，访谈者应尽量让受访者放松心情，积极配合访谈工作，每个受访者的时间控制在 20~30 分钟。

第二，访谈实施过程中应特别注意两类学生：一是喜欢阅读的学生，着重挖掘阅读带给他们的快乐与成长；另一类是对阅读有抵触情绪的学生，着重了解是哪些因素使他们对阅读产生抵触情绪。遇到这两类学生可适当延长时间以便深入交谈。访谈中若发现某学生对英语文学阅读有新颖的见解，可在将"访谈记录表"装入信封前打个五角星作为记号，以便分析数据时重点关注。

第三，为了保证每一个受访者所听到的是同样问题，访谈者须"以一种自然说话的方式""一字不改"地说出每个访谈问题，引发对方的言说欲；假如对方没有给出较为细致的回答，访谈者可以决定是否深入追问，临时增加一两个问题，延长访谈时间，以便更深入地了解。

第四，访谈者须以一个"无知者"的心态与受访者交流，不要对任何问题有所预设，不要表现出我认为阅读是"好"的倾向，不要表达自己的观点和见解，如果受访者询问关于某一问题的见解，就将问题引回对方身上。

第五，访谈的全过程须尽量避免他人的干扰，以免受访者产生顾虑，不愿表达真实想法。如果访谈过程中有他人打扰，访谈者可灵活采取措施减少影响，如暂停访谈或等打扰者离开后再重新开始。访谈期间无论发生何种可能影响访谈结果的意外状况，都应记录在"访谈记录表"的备注栏中，以便分析数据时加以考虑。

二、调查及访谈结果分析

参加本课题问卷（指大学生问卷）调查的学生来自部属、省属、新建本科院校三种不同类型的学校的英语专业大学生，共随机抽取 310 名大学生参与问卷调查，共发放问卷 310 份，收回 304 份，占 98.06%；接受问卷调查的学生中女生 273 名，占 89.80%，男生 31 名，占 10.20%。深度访谈 9 名学生（每一类学校各 3 名），访谈为半开放式面对面的交流，访谈问题是结合受访学生对问卷调查的回应而拟定；工作语言为汉语，每个人访谈时间约 30 分钟，访谈地点分设在各学校的会议室，全部访谈内容采用录音笔录制，然后将音频内容转换为文字形式。课题组成员张小红（2012）借鉴需求分析模型，使用 Microsoft Access 软件进行登录和统计数据，采用 EXCEL 软件进行量化分析，运用主题分析法对调查结果进行质的分析，从三个方面研究英语专业学生文学阅读需求：一是分析学生阅读基本情况，二是讨论学生英语阅读的个体愿望，三是阐释学生对阅读环境的需求。

1. 学生英语文学阅读的基本情况

（1）英语文学阅读量和阅读时间。调查显示，在问及"您第一次课外阅读英语文学作品是在什么时候？"时，高中期间第一次接触的有 75 人（24.67%）、初中期间第一次接触的有 83 人（27.30%），初中之前接触的有 33 人（10.86%），说明多数学生在基础教育阶段就开始阅读英语文学作品。不过，这种阅读活动并未形成常态化，如当问及"过去的六个月里，您阅读了多少本英语文学作品？"时，超过半数学生（65.60%）

选择了 0~1 本。也就是说，学生在过去的半年时间里可能没读过或只读过一本英语文学作品。此外，学生每天用于阅读的平均时间为 16.61 分钟，周末为 19.64 分钟，即每周约为 2 个小时。张法科等人（2007）在对大学生阅读障碍的调查中得出结论：绝大多数被调查的学生"对课外阅读有兴趣"，"但阅读时间远远低于合理时间"。显然，阅读量不足是因为阅读时间较少。

钱冠连主张持续的大量阅读，假如一个学生从初中到高中期间，每天朗读 30 分钟英语读物，每周背诵一小段英语短文，课外阅读大量有趣的各类原文读本，写作训练 300 页，今后这个学生想把英语忘掉都不可能了。上述观点实质上反映了外语学习长期主动输入的重要性。主动输入的必要条件是足量的输入，只有量的积累，才能有质的飞跃。阅读量大小和时间长短直接影响阅读质量，也影响阅读能力的提高。因此，提高阅读能力必须扩大其输入量，增加阅读时间，并持之以恒，否则阅读时间短、阅读量小，就难以达到预期的效果。

（2）阅读英语文学作品中遇到的困难。被调查的学生都比较重视英语学习，有阅读的愿望，但普遍感到阅读材料有难度。34.90% 的学生感到阅读英语文学作品难度很大，主要是生词量较大，因而很少能从阅读中获得兴趣，且不会主动找到适合自己阅读的作品。个人访谈中，受访学生多次谈到生词量大、难句多是其阅读文学作品时遇到的最大障碍。有近一半学生感到阅读文学作品难度大（45.13%），难句多（41.4%），生词数量多（58.52%）。类似感受在访谈中也多次被提及。如一名学生说："在英语阅读中最大的困难就是句子分解为一个个单词时都认识，但整合到一起时就感到理解上有困难。"另一名学生说："在阅读中遇到的最大困难是生词量，一次次地翻阅词典让我感到乏味，有时会因此放弃阅读。"还有学生说："阅读的最大问题是生词、俚语、惯用法，以及无法置身于作品所描绘的那个时代中去理解和欣赏作品。"由此看来，学生词汇量不足是导致阅读困难和阅读能力弱的主因，其次是文化背景知识欠缺。解决阅读困难的问题，关键在于扩大词汇量。扩大词汇量的方法有二：一是降低阅读材料的难度，为学生提供难度略低于精读课文的阅读材料，使之保持阅读的兴趣；二是鼓励学生阅读长篇小说，刚开始读时可能生词较多，但随着阅读的推进，相关词语不断复现，生词就会由陌生变为熟悉，被学生自然习得。

2. 学生阅读英语文学作品的个体愿望

（1）阅读英语文学作品的动机。学习动机是阅读的原动力，"学习者一旦有了二语学习的积极动机，就会产生努力学好的自信"（Krashen，1985）。调查显示，学生对阅读作品有较强烈的愿望和深刻的认识，他们有明确的阅读动机，希望通过阅读提高英语水平，拓展知识面，提升文学素养，感受阅读带来的快乐，思考与充实人生。譬如，"提高英语水平"被提到的次数最多，为 251 人次（n=304），占被调查者总数的 82.57%；"拓展知识面"被提到 182 次，占总数的 59.87%，位居第二；而提升文学素养、感受阅读带来的快乐、思考与充实人生分别位居第三（143 人，占 47.04%）、第四（129 人，占 42.43%）和第五（113 人，占 37.17%）。有学生谈道："那些励志作品和名人传记将给予我一些思想、启迪和引发我的思考"，"那些描写国外人们生活状况的小说、故事会让我了解和学习异国的文化和历史"等。这说明学生对文学阅读具有明显的动机。

上述调查结果与多年前纪康丽等人（2002）的"学生希望通过阅读文学作品掌握语言知识、阅读技能、文化背景和语言应用能力"的发现明显不同，这种差异体现了这些年大学生学习观的变化，符合我国英语教学的发展趋势。过去，英语课堂教学多采用"以教师为中心"的教学模式，即"重知识轻能力"，强调语言工具性，忽视语言人文性和对学生人文素养的培养，因而学生把"掌握语言知识"作为其第一愿望不足为奇。现在，更多人认同英语文学阅读教学实践，教学观的转变促进了学习理念和学习观的转变，学生把"提升文学素养"作为阅读的动机之一，符合英语专业培养"高素质"人才的目标。

（2）对阅读英语文学作品的感受。在阅读感受方面，只有 28 人（占总数 9.21%）表示非常喜欢阅读英语文学作品，喜欢的原因是形象的作品人物和动人的故事情节；127 人（41.78%）表示对阅读英语文学作品没什么感觉。访谈中，部分学生谈到"初高中阶段看英语文学作品比较少""迄今为止，还没有真正读完一部完整的英语文学作品"等。这反映了当代青少年对英语文学阅读的态度，他们很少或没有相关阅读体验，也说明学生阅读量小和阅读时间短有一定关联。从体验哲学角度上看，人的感受、想法或反思等抽象概念是基于对客观世界的体验，经过主客体之间互动而形成的。体验学习理论包括具体体验、观察反思、抽象概括、行动应用四个阶段（库伯，2008）[37]。体验是师生不断改进教学方法和学习方式的前提，没有体验就不可能产生感觉。体验也是观察与反思的基础，也是认知或习得的基础。只有进行更多的体验阅读，才能有效提高语感水平。

3. 对英语文学阅读环境需求

（1）对课堂环境的需求。课堂环境需求是指对目前教学方法认识和未来教学改进的需求。被调查的学生认为，教师在阅读教学中的确给予了一些引导和帮助，如推荐阅读书目（79.20%）、解决阅读困难（77.00%）、教授阅读方法（71.50%）、讨论阅读体会（53.20%）等。访谈中学生也多次提到："老师在上课伊始会推荐许多文学作品，会及时了解我们阅读中遇到的困难和阅读后的感想，师生之间有交流和沟通"；"老师要求课前预习，课上通过提问的方式，让我们从阅读中学到东西，这种做法对于理解阅读作品、提高阅读能力很有帮助"；"老师在阅读前会介绍一些相关电影，让我们对阅读原版小说产生兴趣"等。由此观之，学生认同教师的授课方式，教师已将新的教育理念贯彻到具体的教学实践中。

调查显示，仅6.60%的学生认为教师能组织阅读活动帮助其提高阅读能力，很少组织开展喜闻乐见的阅读活动。他们希望教师能改进教学方式，组织一些能激发阅读兴趣、学生参与度高的阅读活动。有的学生建议"教师应在阅读课上将学生分成几个小组，然后将作品编成小话剧，让学生表演交流，也可以播放与作品有关的歌曲，这样会使我们印象更加深刻"。还有的学生建议"教师应多组织些班会式讨论会""加强学生与教师间的交流""交流读后感，培养学生对文学阅读的兴趣"等。这些建议反映了他们对改进阅读教学方式的渴望和自主学习的愿望。他们喜欢主动参与、积极思考、驾驭自己，而不喜欢"被牵着鼻子走"。教学方法是直接影响学生学习兴趣、课堂参与和学习效果的变量，中小学师生反映"当前采取最多的英语教学法是讲练教学法"，这是令人匪夷所思却又无可奈何的事实（王咏梅，2015）。教师应改进教学方法，最大限度调动学生的积极性、主动性和自主性，满足学生的学习需求。

（2）对专业教学资源的需求。在教材的趣味性和知识性需求方面，62.70% 的学生认为英语专业精读教材有一半以上课文趣味性较强，80.40% 的学生认为教材中有近一半的课文能让他们学到有用的知识。这些数据表明，学生对精读教材的趣味性和知识性比较满意。教材是英语教学的主要内容，是专为学习目标服务的一种工具，也是帮助实现教学目标的一种资源。在缺乏英语语言环境的情况下，语言教材是英语学习者获得语言输入的一个主渠道，英语教师应当为学习者提供符合学习规律和学习心理的语言素材。

在对学习资源的喜好度方面，80% 的学生喜欢阅读小说题材的作品，他们最喜欢的是《傲慢与偏见》《远大前程》《飘》《简·爱》等经典名著。访谈中他们表示"我最喜欢读小说""我个人喜欢阅读英语文学作品，对小说有浓厚的阅读兴趣"等。调查结果与纪康丽等人（2002）"学生偏爱小说、故事类题材文学作品"的发现相似，表明小说类题材的作品具有较强的吸引力，是他们阅读的首选题材。幻想性、启发性、富有寓意和想象空间的童话、寓言与民间故事也受到相当多学生的青睐。数据显示，51.50% 的学生喜欢童话，46.90% 的学生喜欢寓言与民间故事（喜欢演讲与辩论、诗歌和散文的学生分别占 27.70%、27.30% 和 21.90%）。由此观之，设计语言课程内容、推荐课外读物时应尽量考虑学生的需求和喜好，贴近他们的生活实际，选择具有思想性、趣味性、知识性和可读性的阅读材料，才能满足学生的学习需求，激发他们的阅读兴趣，提高他们的阅读能力和人文素质。

4. 发现与启示

研究发现，英语专业学生对文学体验阅读具有强烈的愿望，有明确阅读目的、学习动机和学习理念；他们在阅读中存在不少问题与困难，诸如缺乏阅读体验、阅读量小、阅读时间短、生词量大、难句多等；他们希望在阅读中提高英语水平、拓展知识面、提升文学素养、感受阅读带来的快乐、思考与充实人生；他们喜欢阅读趣味性、知识性、启发性以及贴近生活实际的作品；他们希望教师多组织些丰富多彩的阅读活动，如自主学习和"以学生为中心"的教学活动，并在阅读教学中给予更多的引导和帮助。这些发现为本课题后续研究提供了可靠的数据和可参照的依据，同时为全国高校英语专业的教学大纲制定、课程内容设计、教学方法选择和课堂实践等方面提供有价值的借鉴。

调查结果对基础英语教育有三点启示：第一，课程内容设计、教材和作品选材上应考虑难易度、学生实际水平和学生需求，提供形式多样、生动有趣、完整的语言素材，激发学生积极性和主动性；第二，阅读教学中应多组织些学生喜闻乐见、乐于积极参与的阅读活动来达到促进学生阅读实践、思维训练和自主学习的目的；第三，努力解决学生缺乏阅读体验、阅读量小、阅读时间短、阅读时生词量大、难句多等的问题。总之，英语教师应当积极为学生营造良好的阅读环境，满足学生阅读的个体愿望，同时应努力发现学生阅读能力的差距，分析原因、采取措施，努力提高其阅读能力。

第二节 文学阅读课程化路径

一、理解文学阅读课程

阅读是人的认知活动，构建文学阅读课程，需要理解和解释。理解是一切活动的基础，理解和解释是人类普遍具有的独特的认知方式。课程可以理解为列入教学计划的学科科目和教学活动，它包括教学科目的目的、内容、范围、分量和进程等要素。汉语"课程"对应于英文curriculum。curriculum 源自拉丁语 currere，本义是"跑道"（race-course）或"奔跑"（running），前者强调概念，后者强调动作，二者意指"人生的阅历"。由此本义引申出两种不同的课程思想：一是把课程隐喻为"跑道"，重点在"道"上，教育者应当提供对学生发展有益的跑道，即为学生设计轨道（学程或教程）；二是把课程隐喻为"奔跑"，重点在"跑"上，课程应着眼于个体的体验性和认识的独特性，教育者应当为学生提供体验学习的内容、为学生设计学习活动的方式。

现阶段我国课程研究实现了五种转向：从课程内容看，课程概念由静态文本转向动态经验；从时间逻辑看，课程概念由指向终点转向指向过程；从存在方式看，课程概念由显性范畴转向隐性范畴；从价值取向看，课程概念由价值中立转向价值关涉；从课程层级看，学科课程分为国家课程、地方课程和校本课程。英语文学阅读课程的性质是校本课程，校本课程开发常见的有"校本课程的开发"和"校本的课程开发"两种解释：前者指学校自主开发自己的独特课程，可称为狭义的理解；后者不仅包含前者，也包括了对国家课程进行校本化改造，可称为广义的理解（洪志忠 等，2008）。英语教师自主开发阅读课程属于"校本课程的开发"，可定位为"弥补性课程"（朱永新，2016），其目的在于：（1）满足学生语言学习的兴趣和阅读需求，促进学生个性的发展；（2）优化课程资源的配置，自下而上地弥补了国家课程的不足；（3）保持英语学科教学与高考命题改革的动态平衡。

校本课程开发主要有开发主体、开发范围和开发程序这三个维度。从开发主体看，分为教师个人、教师小组、教师全体以及与校外机构或个人合作等四种类型。从开发范围看，分为单门课程、一类课程和所有课程的开发。从开发程序看，可分为课程选择、课程改编、课程整合、课程补充、课程拓展和课程新编等类型。在这些方式中，课程开发主体的参与程度由低到高，开发的范围从小到大，开发的程度也由易到难（周文叶　等，2008）。英语文学阅读课程，不同于专业文学课程，是中学英语的选修课程或拓展课程。基础教育阶段倡导中学英语教师小组合作或中学教师与大学专家合作，以课程选择的方式，从国内外各种学习资源中选择阅读材料，共同开发阅读课程。阅读课程应当体现主体性、多样性、体验性、生成性。主体性是指师生作为阅读共同体，一起参与阅读活动，共读文学作品，闻道有先后，教师必须走在学生前面，预先研习作品，指导时才能胸有成竹。多样性是指在阅读过程中师生回应方式和学生学习方式灵活多样，不强求"统一步伐、保持队形"的阅读方式，容许自主选择阅读内容、自主确定阅读目标。体验性是指学生"卷入"阅读活动，可自己选择阅读的内容和方式，选择以个体的方式"公布"自己"体察""体会"之所得。生成性是指在师生活动中生成课程资源，引发学生大量真实的独立阅读，发展语言能力和思维能力，产生阅读的获得感和价值感。

英语文学阅读课程化是一种科学的方法，建构这种阅读课程包括思维目标、阅读要求和评价策略三个结构要素，体现阅读课程的目的性、计划性和促学性。目的性指向课程目标，作为目标的课程，是讨论教学过程之前或教育情境之外的东西。计划性指向阅读内容，作为计划教学内容的课程，应当关注阅读内容和阅读量的设定，体现对阅读进程质和量两方面的要求。促学性指向评价，作为教学评价的课程，应当由关注阅读结果转向关注阅读过程，使学习过程由占有转向建构，促进阅读成为学生自我要求和能动学习。

二、建构文学阅读课程

1. 思维目标

课程是学科知识、教学计划和学习经验之总和。课程目标是课程所要达到的结果，即通过具体教学内容和教学活动使学生在某一时间内发生性质不同和程度不同的变化结果。2003年制订的《普通高中英语课程标准（实验）》，根据课程语言知识、语言技能、学习策略、文化意识和情感态度五个方面的具体内容和标准，把"课程目标"描述为："高中英语课程的总目标是使学生在义务教育阶段英语学习的基础上，进一步明确英语学习的目的，发展自主学习和合作学习能力；形成有效的英语学习策略；培养学生的综合语言运用能力。"《普通高中英语课程标准（2017年版）》，根据英语学科核心素养的"关键能力"和"必备品格"内涵，把"课程目标"描述为："普通高中英语课程的总目标是全面贯彻党的教育方针，培育和践行社会主义核心价值观，落实立德树人根本任务，在义务教育的基础上，进一步促进学生英语学科核心素养的发展，培养具有中国情怀、国际视野和跨文化沟通能力的社会主义建设者和接班人。基于课程的总目标，普通高中英语课程的具体目标是培养和发展学生在接受高中英语教育后应具备的语言能力、文化意识、思维品质、学习能力等学科核心素养。"2017年版课程标准把"思维品质"作为学科核心素养之一，这是一大显著变化，表明发展思维能力已成为基础英语教育的基本任务。实际上，基础教育任何课程，如果不与人的思维发展、人的理性发展以及人的信仰和态度生成联系起来，它就不可能走向人的课程（李艺 等，2015）。根据英语学科特点，文学阅读课程将秉持习得取向和发展取向。习得取向是指通过大量接触真实语言材料、大量阅读文本，在学用互动的情境中自然习得语言能力。发展取向是指通过阅读和"读·思·言"学习行为发展逻辑性、批判性、创造性的语言创新思维能力。

思维目标是课程取向的具体化，它把培养语言创新思维能力纳入中学英语必修课程或选修课程的目标体系，指导实施文学阅读和训练思维技能。思维目标分为思维能力和思维品质。思维能力目标是通过阅读使学生形成基础思维能力和综合思维能力。其中，基础思维能力是指基本学会逻辑性、批判性及创造性三维思维中的各种思维方法；综合思维能力是指综合运用三维语言创新思维中各项思维方法的能力。从三维思维能力结构看，逻辑性思维应侧重培养概括能力，思维是概括的反映，概括是思维的智力品质的基础。概括能力强的人阅读速度很快，很容易捕捉到文本的核心内容和主线。如阅读中用关键词概括章节内容，把抽象出来的本质属性联结起来，达到对事物本质的认识，然后再把概括的关键词拓展开来，在思维"收—放"运动中完成解码和编码的阅读理解过程。批判性思维应着重培养独立思考和多元思考。独立思考是质疑、追问、反思、分析、判断等思维技能，多元思考就是从不同角度思考问题、阐释问题，从不同层面审视问题、论述问题。但怀疑一切不等于否定一切，和他人不一样的看法并非独立思考。批判性思维需要求真求证，即从观察事实和事物入手，拿出可靠可信的证据，以理服人，才能做到不盲从、不妄断，从而获得有价值的结论。创造性思维重点培养模仿创生能力。外语学习基本上是一个从无到有的过程，是将他人语言变为自己语言的过程，学会以他人使用语言的方式表达自己思想的过程（王初明，2014）。学习者能够使用他人的语言，是语言学习发生的表征，这种学习发生过程必定离不开模仿。中学英语文学阅读实际上是对真实语言的学习、模仿和揣摩，这种动态的模仿越多，越容易达到熟能生巧的语言创新境界。

思维品质是智力活动中特别是思维活动中智力与能力特点在个体身上的表现，其实质是人的思维的个性特征（邢红军，2014）。培养思维品质的目标是通过英语阅读使学生提高思维的速度、广度和灵活度，进而提升其思维的深刻性、灵活性、独创性、批判性和敏捷性。思维品质的培育，即关于思维的深刻性、灵活性、独创性、批判性、敏捷性等品质的培养。深刻性，是指思维主体可以对感性的材料经过思维加工，认识事物的本质及其规律性。灵活性，是指可以做到多角度地思考问题，并通过比较从中选择最佳的角度或途径。独创性，是指能够独立地思考问题，并已初步具有发现和创造的能力。批判性，是指能够通过自我意识的反思自觉地控制和调节思维活动，对自己的思维、思维过程和结果进行必要的、及时的调整和修改。敏捷性，是指能够做到在某种紧迫的情况下冷静地、积极地思考，并能按照要求迅速地做出正确的判断或结论。

中学英语文学阅读课程的主要目标是培养思维能力和思维品质。学生是思维目标唯一的对象，教师是思维目标达成的促成者。思维目标应当设定初中和高中两个分级目标，每个学段分级思维目标是指学生应达到的基础思维能力和综合思维能力，以及应达到的思维品质。在分级目标描述中，思维能力可分为两个层次：第一层次目标具体描述语言创新思维中各项技能应达到的水平；第二层次目标具体描述综合应用三维思维中各种思维方法的能力。思维品质可分为深刻性、灵活性、批判性、独创性和敏捷性五个方面，每个方面设相应的达成性目标。

必须指出，外语教育发展语言能力是外语课程的专有目标，而发展思维能力则属于普通目标。外语课程应该既重视语言能力的专有目标，又关注思维能力的普遍目标。从宏观角度来看，这两种目标对于个人应该同步发展，不分先后。从微观角度来看，在教学实践优先的情况下，外语语言能力和思维能力这两类目标有可能形成竞争态势。外语教学应当从两类目标中取得平衡：一方面，我们不能把语言知识目标搁置在一边，单纯强调思维能力的培养，因为外语语言能力的发展必须以记忆和理解语音、语法和词汇知识为基础；另一方面，我们也不能因强调语言知识而不顾思维能力的培养，因为任何语言材料，只要精心设计，都有可能将学生的思维能力水平推向更高的层次（文秋芳 等，2015）。

2. 阅读要求

文学阅读需要一种激情，激情是诱发力，也是一种动力源。但光靠激情是远远不够的，还需要科学的规划和计划。儿童学习能力的发展是一个异常复杂的问题，但应用阅读能力可以培养出 90% 以上的学习能力，因为阅读能力是任何学习的基础，而每一门学问又都是从阅读书籍开始的（阚兆成，2016）。发展阅读能力需要两个条件：一是持续性和连贯性，二是阅读量的累积。满足这两个条件就能够培养阅读习惯，阅读习惯对阅读行为具有关键性作用。制订阅读计划旨在促进一步一步、脚踏实地开展阅读活动。只有持之以恒的阅读，才能达到量的积累；只有教师转变了教学观念，才能把阅读课程落实到位。阅读目标应包括阅读量化要求和阅读行为要求两个方面。

（1）阅读量化要求。就母语学习而言，6~12 岁阶段是阅读能力长足发展的黄金时期，一、二年级的孩子每年阅读量不能低于 100 万字，二、三年级每年不能低于 200 万字，四、五、六年级每年不能低于 300 万字；也有人提出低年级 200 万字、中年级 400 万字、高年级 600 万字的阅读数量要求（曹阳明，2016）。就中学英语阅读量而言，《义务教育英语课程标准（2011年版）》规定初中生"课外阅读量应累计达到15万词以上"；《普通高中英语课程标准（2017年版）》规定高中生"除教材外，课外阅读量应累计达到18万词以上"。初高中课外阅读量相加多达33万词。在阅读量化方面，文学阅读课程提出"一般"和"较高"两级要求。

阅读量化一般要求，采用"三一阅读模式"。所谓"三一"，是指每天一篇英语新闻（50~300词），每周一篇英语时文（100~600词），每月一部经典小说或一本简易读物（3000~8000词），读物的长度与年段成正比。照此计算，最低每个月阅读量达4400词，最高每个月阅读量达16400词。从初一到高三六个学年，学生每个月阅读量分别为4400词、6800词、9200词、11600词、14000词、16400词，假如按每学年40周10个月计算，六个学年总量达62.4万词，各年段阅读量见表5-1：

表5-1 各年段阅读量表

年段	初一	初二	初三	高一	高二	高三	合计
阅读量	4.4万	6.8万	9.2万	11.6万	14万	16.4万	62.4万

阅读量化较高要求，采用"大阅读"概念，大阅读之"大"是指"大量、大部、大家"。大量，即大阅读量。大部，是指大部头长篇的连续的读本，而非"豆腐块式"短文。大家，一是指阅读名家之作，二是指师生共同阅读作品。大阅读主张从初一开始就接触各种英语读物，如英文故事、童话、寓言、侦探小说等，要求学生每天平均读20~30分钟，阅读速度每分钟30~50个词，完成800~1200词，每周读5000~7000个词，每学年（40周）完成20万~28万词的阅读量。照此推算，初中三年阅读量累计可超60万词，高中三年阅读量累计可超120万词。

阅读量化要求从"号召的层面"进入"实践的层面"，可能需要经历一段漫长且艰巨的路程，但是，想怎么收获，就怎么栽种，大量阅读是提高学习能力和思维品质的必由之路。

（2）阅读行为要求。根据需求分析中发现的问题，我们提出英语文学阅读行为要求在阅读动机、阅读材料、阅读时间、阅读方式等方面引导学习者开展体验阅读，其中特别强调教师的中介作用。具体要求如下：

①能够在教师的指导下学会自己确立阅读目标，制订阅读计划，监

控阅读进程，调整阅读方法。

②能够查阅和收集体裁多样的文学作品，选择适合自己认知水平和喜欢的读物。

③能够自愿阅读各种读物，诸如小说、童话、寓言、传记、诗歌、戏剧等。

④能够安排好每天相对固定的阅读时段，保证有 20~30 分钟时间用于阅读。

⑤初中生阅读速度能够达到每分钟 60~80 词；高中生阅读速度能够达到每分钟 80~100 词；阅读正确率达到 50%~80%。

⑥阅读中能够运用画线、画图、打钩、批语、标注等阅读技巧。

⑦能创造朗诵作品的机会，能主动背诵作品中最喜爱的句段。

⑧能够分析和评价一篇（部）作品中某些词语的重要意义。

⑨能够读懂作品的意义，且有不同的理解。

⑩能够有主见地分析和评论所读作品，从阅读中获得洞察力和愉悦感。

⑪能够主动与他人交流分享所读作品的体会，愿意参加戏剧演出或诗文朗诵活动。

⑫能够说明为什么一部作品比另一部作品好，能够将不同作者的写作风格加以对照。

⑬能够理解作品所表达的价值标准和态度，并与自己的价值标准和态度相比较。

⑭能够通过阅读增加自己对不同时代和不同社会的人所共同关心的问题的认识。

⑮能够通过阅读增加自己对人类经验的多样性和复杂性的认识。

3. 评价策略

陶行知曾说："除少数学生'生而好学'之外，绝大多数学生是需要'熏染、督促'而学的。"（罗义安，2016）这就是说，许多学生不可能主动学习，而需要教育者督促，即"摁一摁头"。如果说学习未必是学生的本能，那么文学阅读也不是学生的本能。我们应当利用阅读评价中"督促"和"促学"的功能，通过教师的监控、鞭策与激励，帮助学生进入自主阅读、自我探索、自己辨析的境界，形成自由阅读的能力和习惯。因此，阅读课程应当关注教学评价。

《普通高中英语课程标准（实验）》（2003）倡导建立"学生为本、发展为重"的评价体系，主张采用形成性和终结性相结合的评价方式。文学阅读评价以形成性评价为主，关注学生体验阅读的过程以及思维发展变化的过程。评价标准和评价手段应致力于激发学习兴趣、提高阅读情志，有利于监控学习过程、调整阅读策略，有助于培养语言能力、发展思维能力。基于这一理念，阅读评价以成长记录袋评价和表现性评价为主导，通过评价激发学生的阅读兴趣和动机，改善阅读行为，促进体验阅读活动持续有序发展。

成长记录袋评价是一种典型的质性评价方式，在阅读活动中收集学生记录的各种可视化材料，以此评价学生在学习与发展过程中的优势与不足，评估学生在达到目标过程中付出的努力与进步，以含蓄的方式引导自由阅读，产生可持续的阅读动力。例如：通过自评表、阅读日志、阅读思考题等监控性评价方式，检查和督促学生完成阅读任务；通过评出"三星"（阅读之星、思维之星、进步之星）等奖赏性评价方式，让不同层次阅读者发挥示范性作用，形成"比学赶"的阅读氛围；通过师生之间沟通和交流的协商性评价方式，让学生理解阅读的必要性和重要性，以增强对阅读的认同度，在活动中能够配合得更好。

表现性评价又称真实性评价，它既是测验又是学习活动，要求学生在特定的真实或模拟情境中，运用已获得的知识完成表现性任务或解决问题，教师对学生的语言知识和技能、思维能力及合作交流能力等做出直接或间接的测量和评价（赵德成，2013）。文学阅读中的表现性评价，应当着力体现情境性、即时性、具身性和生成性四个教学原则。

情境性原则关注知识的境域性和活动的社会性。文学作品本身提供了大量真实的情境，应该从文本情境出发，检测和评价学生对文本词语意义的理解，因为知识的意义不仅由其自身陈述来表达，更是由其所关联的词语全部意义系统来阐释的（石中英，2001）[151]，脱离了特定的语境，认知活动就不复存在了。活动的社会性意味着阅读评价必须回归学生的生活世界，把文本阅读与现实生活联系起来，把学到的语言思维能力应用于思考或解决真实情境中的实际问题，发挥阅读的解释、解决和解放的功能。

即时性原则，强调把评估内嵌于阅读活动或真实的教学场域中，教师在现场检测和观察学生的阅读行为，根据学生的现场表现即时做出评价和反馈。这种评估方式既能每时每刻满足学生的即时需求，又能及时调整正在进行的教学，提高评价的有效性。即时性评价又具有"动态性"特征，因为这种评估是在复杂多变的教学环境下发生的，是师生之间交互反馈的行为，它不是一蹴而就的，而是充满了不可预测性，是一个动态、多变的过程（杨华 等，2013）。

具身性原则认为人的认知或心智是由身体的运作和形式决定的，换言之，身体及其感觉运动图式影响与形塑人的所有认知活动。个体阅读是自由的、具身的、有"体温""体感"的阅读，评价时应摒弃"一言堂""满堂灌"式的离身性行为，实现由"离身"到"具身"的"身体转向"。如把学生视为一个个具体的、鲜活的个体，站在学生立场，推己及人，了解学生的所思所想，通过评价手段让学生参与到各项活动中，充分释放学生的身体，打开身体的认知通道，获得生成的、涌动的阅读体验（王会亭，2015）。

生成性原则以预设为基础、以生成为导向，具有开放性和可变性特点。生成性表现性评价旨在达成四个方面教学目标：一是组织读后的交流与分享活动，把个体有价值的资源转化为全体学生共享的资源，实现从个体生成到全体生成；二是在读前、读中或读后环节通过追问、品析、读悟等教学手段，实现从浅层生成到深层生成；三是注重发展学生的语言能力、学习策略、文化品格和思维品质，实现从单一生成到多维生成；四是鼓励学生勇于尝试错误，善于将学生出现的错误变成有用的资源，实现从错误生成到有益生成。

本章小结

　　需求分析主要讨论问卷调查和访谈。问卷调查旨在了解学生对英语文学阅读的认识、学习现状、作品选材的需求，以及阅读教学现状和相关建议；访谈旨在补充搜集问卷中一些关键问题的资料，以检测两种渠道所获得的数据是否能相互印证。在调查和访谈的基础上，从学生文学阅读基本情况、学生英语阅读的个体愿望以及学生对阅读环境的需求三个方面分析学生阅读的需求。研究发现，学生喜欢接触各种文学读物，希望在阅读中提高英语水平、拓展知识面；他们在阅读时会碰到不少问题与困难，期待教师多组织一些丰富多彩的阅读活动，在阅读教学中给予更多的引导和帮助。英语教师应当积极为学生营造良好的阅读环境，满足学生阅读的个体愿望。

　　文学阅读课程是中学英语选修或拓展课程，它包含思维目标、阅读要求和评价策略三个结构要素。思维目标分为思维能力和思维品质，前者是通过阅读使学生形成基础思维能力和综合思维能力，后者是通过阅读使学生提高思维的速度、广度和灵活度，进而提升其思维的深刻性、灵活性、独创性、批判性和敏捷性。阅读要求涉及阅读量化要求和阅读行为要求两个方面。阅读量化分一般要求和较高要求，前者要求中学六年阅读总量累计达 62.4 万词，后者要求中学六年阅读总量累计达 120 万词；阅读行为关注学习者的阅读动机、阅读材料、阅读时间和阅读方式，具体要求涵盖阅读策略、阅读情志、阅读能力等方面。评价策略指向成长记录袋评价和表现性评价。成长记录袋评价是一种典型的质性评价方式，旨在以含蓄的方式引导自由阅读，产生可持续的阅读动力；表现性评价既是测验又是学习活动，这种评价方式应当着力体现情境性、即时性、具身性和生成性四个教学原则。

第六章　阅读课程教学化

文学阅读课程教学化，阅读活动之前的准备性工作主要包括阅读选材和阅读教学两个方面。选材方面，依据作品的结构、文体、内容、主题、历史文化的"五层选材"理论，同时基于真实性、可理解性、关联性和趣味性四个原则。教学方面，首先是为学生创造必要的学习条件，并营造良好的阅读氛围；其次，为文学阅读"量身定制"，建构"阅读促发展"的READ教学模式；再次，阐释READ教学模式的操作流程与实施要领，同时为顺利开展文学阅读活动支招。

第一节 文学阅读选材

一、选材理据

语言、文化和文学是外语课程的三大要素，构成一个连续性整体（Brumfit，1986）[184-190]。其中，文学是语言学习的工具，将语言和文化相融合，成为学生全面发展所必需的课程资源。把文学融入外语课程，应当营造必要的语篇环境。阅读活动从选书开始，精选高质量的读物，是阅读课程教学化的首要任务。

外语课程不应该只重视语言教学而忽视学习内容，文学提供多层次视角，可以丰富语言教学的多样性；一篇作品通常由结构、文体、内容、主题、历史文化五个层面构成，读者阅读时关注文本的不同层次，形成了对作品的不同视角（Littlewood，1986）[177-183]。与传统"目的观"和交际教学的"工具观"相比，"五层选材"理论关注阅读的主体（读者），考虑不同学习阶段读者阅读的层次特征。结构层面，是指阅读作品同其他语言现象一样，包含了大量语言结构，创造性地运用有限的语言结构，可以达到交际的目的；文体层面，是指所读作品包含各种语体，文学语言跟日常生活语言有所差别，但作品的语体并非脱离生活；内容层面，是指所选作品由情境、人物、情节等构成的整体，这些都是作品用以表现主题的内容；主题层面，是指作品描写情境、人物、情节等内容，其深层次的目的是为了表现作品的主题；历史文化层面，是指当我们把所读作品放在一定的时间和空间下考察时，作品就成了文学史或者作者的生活史的一部分。这五个层面作为阅读选材的依据，如结构层面对应适当难度、适时复现的结构原则，文体层面对应体裁多样的文体原则，内容层面对应趣味性、文化关联和经验关联的内容原则，主题层面对应语言深度和思维深度的主题原则，历史文化层面对应文化知识和历史时空观的历史原则。

"五层选材"理论的参照系有两个：一是阅读文本，即划分文本层次，依据文本层次分析学习者相应的学习阶段性特征，提出相应的选材原则；二是阅读主体，若阅读文本的读者是学生，就应该根据学生的学习需求和特点进行选材。黄军生（2014）从学生发展目标角度，建构基于文本层次、发展学思能力的"学生与文本互动"的选材框架，并论述英语文学阅读选材的五个原则——真实原则、关联原则、可理解原则、趣味原则和主题原则。

二、选材原则

钱冠连（2016）认为选择外语阅读材料应遵循四个原则，即经典的、有智慧的、有百科全书式价值的、尽可能趣味性强的。经典，是指语言精美、结构奇特、寓意深邃、经久不衰、脍炙人口的传世作品。有智慧，是指能够让读者心灵有所触动的作品，能诱发想象力的作品，能够使人读后回味无穷并启发对生活和未来的认识。百科全书式价值，是指知识性全面且丰富的作品，能够增长读者自然知识和人文知识的作品。趣味性强，是指有文学趣味的、对读者有吸引力的，读后使人感动，记得住人物形象的作品。根据"五层选材"理论以及选材框架，我们提出真实性、可理解性、关联性、趣味性四个原则，探讨阅读教材开发的问题。

1.真实性原则

真实性原则是阅读选材的基本原则，它有两种含义：一是为学生提供真实的英语文学材料；二是选材能引发学生的真情实感。能够反映真实性原则阅读材料的有三种类型：英文原著小说、英文原版绘本读物或儿童文学作品、文学简易读本。第一类作品一般篇幅较长，内容较多，生词密度较大，其独特价值在于作品中塑造的情节、场景和人物。第二类一般是 YA（Young Adult，12 岁至 18 岁的青少年）阅读材料，多以青春期读者为对象的文学题材，如友谊、恋爱、身份认同等，其代表性作品有《哈利·波特》《指环王》《麦田里的守望者》等。第三类应选自英美名家改写的、由权威出版社发行的简易读物，这类作品一般篇幅不长，人物不多，故事性强，生词密度较低，但不乏内容的文学性和语言的纯正性，使用简写本作为阅读材料有时效果更好。

语言地道和文本质量只反映真实性的一个层面，更重要的还是读者与文本的真实互动，因为再好的读本、再著名的文学经典，如果学生缺乏生活感受和体验，不能与作品产生共鸣，阅读就谈不上深入，就难以保证阅读质量。因此，选材的真实性原则不仅体现在语言的地道性，还应该考虑选材是否能引发学生的真情实感。换言之，阅读课程优先选择能引发学生真实的生活感受和体验，有利于创设真实教学情境、开展真实课堂活动的文学材料。

2.可理解性原则

可理解性原则指选材的语言难易度能为学生所接受，内容适合学生的认知能力。选材应根据不同阶段学生的语言能力和认知水平，划分阅读材料的级别，从词汇量、语法结构、篇幅长度等方面体现难易度和层次性，建立一个循序渐进的阅读体系。语言结构既可以是通向文学作品的大门，也可以是阅读文学的阻碍，而且学生也绝不可能对语言上难以理解的作品达到任何程度的欣赏（黄睿，2011）。可理解性原则基于"输入假说"理论（Krashen，1985），"可理解性"既体现选材的二语习得理论依据，又涵盖"可读性""可接受性""难易度"等概念。可理解性把当前的语言知识状态定义视为"i"，把语言发展的下一个阶段定位为"i+1"，i 和 1 之间的距离或缺口应调控在适度范围。若语言材料是学习者已掌握的知识，对语言习得就没有意义；若语言输入难度大大超出学习者现有水平，他们就难以理解输入材料，不理解输入知识的含义，语言输入就没有价值（蒋祖康，1999）。

评估文本难度的主要标准是词汇知识和语法结构，不应以长度、逻辑、修辞、话题和背景知识为标准（Carrell，1987）。调查发现，目前为学生选择的阅读材料都太难，很多学生反映生词量太大，普遍感到阅读吃力，难以坚持，更不用说阅读兴趣了（严凯 等，2012）。一般认为，阅读内容越有趣，读者对文本中的生词的容忍度越高。但如果阅读词汇负荷过大或生词密度过大，犹如看一幅失焦的照片，眼前一片茫然，就会影响阅读的进程和兴趣。理想的阅读材料应当是语言难度具有渐进性，并能使学生的关注点不断从较低层面走向较高层面。为此，我们建议选择泛读材料难度为"i-1"（选择精读文本难度可以为"i+1"），让学生在广泛阅读中靠词语的高复现率习得各种语言知识与技能。

3. 关联性原则

关联性原则是指读者与文学作品之间的相关性。学生对英语文学的理解取决于各种关联，如母语与外语的关联、课内阅读与课外阅读的关联、文本与其他媒介的关联等。在外语环境中，文学关联是无形的学习资源。阅读选材应考虑学生先前母语阅读的经验，或接触与文学相关的影视、动漫、画刊等媒介的体验。母语文学阅读与外语文学阅读关联，如小学语文课文中的童话故事与初中英文简易读物的关联，会产生一种熟悉感，这种熟悉感会促进学习正迁移。文学语篇与过去观看的电影、动画片的文学体验的关联，会转化为阅读能力。阅读选材还应考虑学生现有的语言知识和文本知识的水平，语言知识应包括字、词、句、段、篇章，文本知识是关于文本结构（连续性文本和非连续性文本）和文本体裁的知识。

文学作品的主题关联性也是选材应考虑的因素。通常的做法是，先确立一个主题，再选择与该主题相关的一些作品，共同构成一组群文，作为阅读材料。学生在"专题阅读"（Krashen，2004b）中有机会不断接触一些相似的专题，熟悉某些作家的语言风格，逐步培养学生凝练主题思想的能力。文化是文学作品创作的原材料，文化知识也是影响阅读理解的主要因素（Laufer et al.，1985）。文学主题与文化价值之间的关联性，也是选材时需要关注的因素。文学阅读也是学习目的语文化的一种方式，并且是对学习目的语文化背景知识的延伸。学生理解主题思想是体验目的语文化、深化文化意识的过程。文学是人类文明的重要成果，阅读使人学会理解主题，理解作品中描绘的世界，标志着人进入较高的阅读层次，可以更深入地了解英语国家的社会生活、民族思想和文化价值观，有利于提高跨文化交际意识和人文素养。

4. 趣味性原则

趣味性原则是英语文学阅读最重要的原则。阅读选材应根据不同阶段学生的心理特点、生理特征和阅读爱好，选用体裁和题材丰富、内容生动有趣的读物，以培养学生对英语文学的阅读兴趣和鉴赏能力。小说中错综复杂的情节和悬念、诗歌中鲜明的意象和悦耳动听的韵律、戏剧中个性鲜明的人物形象和一波三折的戏剧冲突，以及散文中优美的文笔和饱含智慧的至理名言，都会令读者爱不释手，历久弥新。

趣味性有两层含义：一是文本的内容本身具有趣味性，文本趣味性是阅读的重要条件，《哈利·波特》神奇的故事和精彩的情节让学生如痴如醉，使之体会到英语语言的美感以及作品的内在美，从而产生为了兴趣而阅读的动机；二是通过阅读培养学生对文学的喜好，在课余阅读生动有趣、富有吸引力的作品不啻是一种精神的调剂，学生读得下去，也容易坚持。就第一层含义而言，趣味性原则应关注两个维度：其一，题材要适合不同学段学生的不同心理特点，不同学龄段对题材的需求肯定是不一样的；其二，不同学段应选择合适的体裁，简言之，体裁应体现学段的侧重点，如小学以童话、寓言等为主，初中以小说、故事等为主，高中以小说、诗歌、戏剧等为主。就第二层含义而言，英语学习没有其他诀窍，唯一的诀窍就是大量阅读，一旦养成阅读的习惯，英语学习就不再是单调乏味的苦差事，而是轻松愉悦的享受；从阅读中找到乐趣，这是优秀学习者成功的学习经验。

英语文学阅读的选材观念经历了从"目的观"到"工具观"的演化，这两种选材观念的共同弊端是忽视学生身心发展的规律，仍有可能出现"绝大多数学生远离文学的局面"（Hall，2005）。新世纪阅读选材已转向促进发展核心素养的"人文观"，阅读教学已由关注作者与文本的关系转向读者与文本的关系，倡导读者在与文本动态互动过程中建构文本意义（Paesani，2011）。本文提出的每一个阅读选材原则都涵盖了学生与文本互动的元素。真实性原则旨在选择真实地道的阅读材料，促进学生的真感受和真体验，以发展学生的语言能力。可理解性原则以学生的认知和思维能力的发展为依据，关注作品语言内容的难易度和层次性。关联性原则关注文学关联（即文学选材与其他媒介的关联）、学生前知识和经验（知识能力）的关联，以及作品主题之间、主题与文化价值之间的关联，旨在丰富学生的文学知识，发展学生的文化品格。趣味性原则关注学生的阅读情志，主张选择生动有趣的阅读材料，培养学生的阅读兴趣。

第二节　文学阅读教学

一、营造阅读教学环境

从外部环境看，文学阅读需要创造必要的学习条件、营造良好的阅读氛围。学习条件方面，一是学校图书馆扩大英文读物藏书量，让学生有书可读；二是学校开辟温馨宁静的"纸读"书屋或"屏读"阅览室，设计阅读走廊，为学生创设阅读的空间；三是班级建立阅读书橱，鼓励每个学生提供 1~2 本纸质文学读物，集中放在班级书橱中，指定专人负责保管，供全班同学借阅分享。美国的小学为小班授课，每班给每个学生配备一个放书的收纳盒，里面放着老师根据每位学生的需要提供的约 10 本读物，每月更新一次，供学生自由取阅，这个方法非常可取。阅读氛围的营造可从学校和班级两个层面来进行：学校层面，有计划地组织"阅读兴趣小组""文学作品赏析""阅读经验交流""影视作品欣赏""阅读竞赛""课本剧改写和表演""文学读本交易会""阅读服务行动"等系列活动，同时张贴一些有创意的促读海报和标语来增加阅读氛围；班级层面，英语老师指导学生张贴图书目录，设置"最受欢迎的 10 本书""我最喜欢的侦探小说""某同学读过的书""新书推荐"等栏目，制造"从众心理效应"，让学生参与到阅读活动中，形成班级的阅读文化。班级书橱的藏书可以随时添加，不断丰富阅读材料。初中生或高中生使用三年后，还可以把班级图书作为物质和精神财富，赠送给学弟学妹，让文学图书传递下去。

阅读教学环境也包括设置阅读课程，开发阅读时空。现在初高中英语每周实际有 5~6 课时，开展文学阅读需要构建高效灵活的课程管理体系，可以适当调整现有课程结构和教学内容，体现教学的开放性和时空的自主性。给文学阅读"让路"，不妨从常规课堂教学中"挪用"一点时间，每周安排一课时作为阅读活动课，形成 4+1 或 5+1 的课表结构。活动课既能解决每周阅读的问题，又能监控阅读进程，展示学生阅读成果，还能激发阅读兴趣和动力。阅读是积少成多的过程，日本的"短时学习"经验值得借鉴。"短时学习"，即"学校在早间学习时间或课堂时间，实施5分钟、10分钟或20分钟的短时间学习，旨在充分调动学生的思维运转，帮助学生取得短时高效的学习成果"（李冬梅，2016）。日本文部科学省公布了2014年度公立中小学"短时学习"实施状况调查情况，有半数以上的公立小学与超过70%的公立初中均每周5日实施"短时学习"。多数小学、初中学校表示，短时学习开启全新一天的学习模式，帮助学生养成良好的学习习惯。因此把"短时阅读"融入常态课堂教学之中，不失为一种可行的途径。此外，我们还可以借鉴小学语文"课内海量阅读"经验，即以一本书或一个学段（而不是以一节课、一篇文章）设定阅读教学目标（赵小雅，2013）。受此启发，我们可以把"短时学习"和"课内海量阅读"概念应用于文学阅读，适度压缩教材教学内容，适当拓展阅读时间，利用每节英语课的15~20分钟时间开展阅读活动，提供阅读的时空。

二、建构READ教学模式

国外文学阅读教育比较流行"阅读圈"模式（即reading circle）。"阅读圈"是Furr（2007）[32-40]提出的教学模式，适用于高年级学生，步骤是"阅读→思考→联系自身→提问分享"，活动将学生分为4~6人一组，每个人都有一个角色，负责一项任务，有目的地读，并与组内同学讨论与分享。国内英语文学阅读教学研究中有两种模式值得一提：一是韩宝成（2007）的"拼读词语→听读朗读→分级阅读→引导自读"模式；二是鲁子问（2007）的"课堂指导←→课外阅读←→课堂真实运用任务"模式。前者以"语感阅读法"为基础，选用最能体现人文和文化特点的文学类作品作为输入语料；后者是基于"真实阅读"理念，实行个性化阅读、任务型阅读、大容量输入的课内外互动阅读模式。还有柯安利（2007）的"以美导引""以情陶冶""以意贯穿"指导模式，旨在使学生在赏心悦目的审美情境、活动情境和思维情境中，领略语言的魅力，透过语言贴近文学形象的心灵世界。基于"阅读促发展"理念（Showalter，2003）[131-135]，借鉴"体验学习圈"（Kolb，1984）[113-125]和"文学圈"（Daniels，1994）[169-175] 理论，我们建构了英语文学体验阅读圈 READ 教学模式（如图 6-1）。

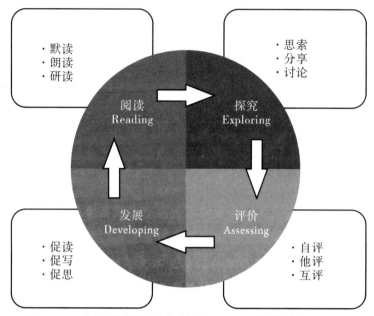

图 6-1 英语文学体验阅读圈 READ 教学模式结构图

缩略词 READ 由 reading、exploring、assessing、developing 四个词的首字母组成，对应于阅读、探究、评价、发展四个要素。"阅读"包含默读、朗读、研读三种读的形态，"探究"包括思索、分享、讨论三种活动形式，"评价"具有自评、他评、互评三种评估方式，"发展"指向促读、促写、促思三维拓展目标。从学的角度看，四要素相互交织、层层推进，循环发展，螺旋上升，构成"英语文学体验阅读圈 READ 教学模式"。

阅读（reading）分为默读、朗读、研读三种阅读形态。默读是无声阅读，学生参与活动体验，在自主阅读中大量输入语言信息，并概括大意、了解细节、理清结构、分析事实、推断事件。朗读是口语化阅读，能够促进识记词语和阅读理解，要求在准确理解作品的基础上，把作者思想感情和读者个人化情感相融合，流利准确地朗诵作品，让学生积极主动地亲近文本，声情并茂地感受语言。研读是读者与内容的深度互动，以阅读思考题为线索，运用综合分析、分类比较、演绎归纳、抽象概括以及推论、置疑、诠释、评判等思维方法，探寻文学作品的内在意义。

探究（exploring）涉及思索、分享、讨论三个层面，展现个人阅读活动的社会化过程。思索主要是个体与阅读文本互动，如发现新信息，筛选和处理有价值的信息，通过质疑发现问题、分析问题、解答问题，根据文字信息和文本结构进行预测、判断、推理，获取新信息，证实作者观点，修正个人见解。分享是个体与群体互动，如学生在班上朗读优美的段落或句子，解析难懂的语句和段落，解读作品人物和事件，谈论阅读心得体会和经验等。讨论是交互影响、交互启发的小组合作学习，如针对所读作品的某一问题或信息，小组成员发表见解，同伴之间交流看法、交换意见。

评价（assessing）中自评、他评、互评为形成性评价，贯穿体验阅读整个过程。自评是个性化评价，每个学生在读中应进行自我调控，读后自我评估知识、能力和情感三方面进步情况。他评是教师动态考查学生阅读表现，综合考评学生的朗读水平、思考题完成情况、自评表信息以及阅读日志等，其重点不是看阅读技巧本身，而是看阅读态度、阅读进程、思维能力以及通过阅读学习新知的能力。互评是生生之间的活动，在小组合作学习中，同伴互相评价阅读的进展与表达，以此作为教师对学生评价的参考依据。

发展（developing）的目标是促读、促写、促思。READ模式是运用阅读、探究和评价的方法与手段来发展学生三维能力：一是通过阅读扩大词汇量、培养阅读策略意识、增强阅读兴趣、提高阅读素养；二是在阅读中培养语言形式、意义和语用能力，以写的方式促进创意表达；三是阅读时大量接触真实的语言，在读中培养逻辑性思维、批判性思维和创造性思维。促读、促写、促思的三维目标有助于思维能力、语言创新和个性品质的协调发展，有利于智能、品德和心理的和谐发展。

三、READ教学模式应用

开展文学阅读需要对READ阅读模式进行模块化处理，设计可操作的教学流程和活动方案（如图6-2）：

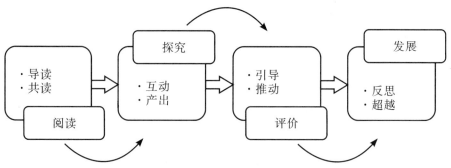

图 6-2 英语文学体验阅读 READ 教学模块操作流程图

从教的角度看，弧线和箭号连接"导读·共读"的阅读模块、"互动·产出"的探究模块、"引导·推动"的评价模块以及"反思·超越"的发展模块，它们之间相互区别、彼此关联、互动互促、互生互成、浑然一体。

1."导读·共读"的阅读模块

导读是导动机、导目标、导内容、导方法。导动机是情感教学，从兴趣、需求、好奇、自信、成功等方面"制造"学习动力，如渗透阅读理念、介绍成功案例、解读"英语文学体验阅读自评表"项目，让学生产生求知兴趣，以积极的情绪参与阅读活动，开开心心地去拥抱阅读、享受阅读。导目标是明确阶段性阅读任务：规定中学生每学期应完成的阅读量（大学生阅读量翻倍，其他要求不变），每天投入 20~30 分钟阅读 800~1000词，阅读速度为每分钟 50~100 词，每天在"文学阅读记录表"中记录相关阅读信息，每读一部（篇）作品书面回答若干思考题。导内容是引导学生阅读一部（篇）新作品，如介绍小说篇目、作者信息，简介创作背景与作品内容，简述作品人物、故事脉络、文本结构或写作特点等，以激发学生阅读作品的欲望。导方法是指导主动阅读的技巧，如阅读中重在理解作品大意、了解故事情节、推理判断事件，无须过分关注句型和语法；遇到读不懂的词汇应先猜测，或查阅作品后面的词汇注释，允许适当查阅词典。导方法还包括鼓励学生采用积极的阅读行为：如果是读者自己的读本，如在关键词语和短句处用下画线标记，在重要段落的边白处画垂线，给重要句子画星号，用数字标出作者提出的若干重要观点，在书页空白处写问题、做评注、写感想，在书前书后的空白页上写摘记，边阅读边编提纲、制表格、做图解等；如果是借阅的书本，可以把书写文字记录在笔记本里。

共读是指师生组成"学习共同体",一道阅读一部文学作品,一起完成阅读任务,共同在教与学中成长。创建"学习共同体",意味着学校不仅是学生的学习空间,也是教师和学生互相学习的空间。"闻道有先后",教师不仅要与学生共读,而且必须走在学生前面,预先研习文学作品,才能拥有与学生交流的共同语言,以"知情者"的姿态与学生交流互动,分享个性化的阅读体验。从教学过程看,教师是"阅读教练",其职责是介绍阅读产品,传播阅读经验,教学生有效地阅读作品,带动一群人"共读"而不是一个人"孤读"。从学习过程看,教师是阅读活动的"领路人""当事人",而不是"旁观者",教师必须亲力亲为,引领学生启程、上路,与学生一块"跋山涉水",向既定的目标进发。每一个卓有成效的教师都是阅读教师,阅读教师在"自学""教人"的行为互动中得到自身专业发展,复归"教学相长"之本真。从这一点上看,阅读中教师既是学生学习的支持者与学习活动的设计者,同时也是终身的学习者。总之,阅读的过程十分漫长,教师应沉下心来,规划好阅读路线图,有足够的信心和底气,带领学生脚踏实地、一步一步走下去,才能渐入阅读佳境。学习观念的转变、学习行为的转化,并非一朝一夕可以搞定,需要细心的引导和耐心的等候。

2."互动·产出"的探究模块

互动包括思索、分享、讨论三种活动。从教学主体看,这三种活动是师生、生生、师生与文本之间的互动;从语言技能看,这些活动又是听、说、读、写之间的互动。从活动时空看,既可以安排常态的阅读活动课或阅读选修课,也可以安排课外的读书会或线上的交流会。思索是个体思维操作层面,是学习者长技能、长品性、经历从量变到质变的过程;教师应当提供阅读情感和认知策略等方面的支持,为学生创设个性化阅读的时空,提供语言创新思维的机会。分享与讨论属于群体思维操作层面,这一层面是师生、生生之间的彼此交流和相互给予。其中,分享包括朗读最美的段落、解析最难懂的语句或段落、提出个人疑难点、谈论个人观点等活动,让部分学生与全班同学交流学习成果;讨论是集体思维活动,一般先设置问题,学生按4~6人分组,以非竞赛的方式探讨问题,讨论中应分工合作、学会倾听、平等对话，最后把各组讨论的结果与全班分享。在群体之间动脑、动口、动情的互动教学中，提高个体自由自愿阅读的热情。

产出是阅读后的创意表达活动。根据问题导学的思路，设计若干阅读思考题，作为读后书面作业。思考题分必答题和选答题，有的是有意义和开放性的"最小问题集"，有的是诱发批判思维和创新思维的"未知问题集"。教学实践中，我们共设计 8 个问题（英汉对照），其中必答题 4 道，选答题 4 道。譬如：

（1）必答题（Required questions）。

① Which character do you think is the most impressive？Why？

所有角色中，哪个角色让你印象最为深刻？为什么？

② What's the most interesting sentence/paragraph/chapter in the story？Why？

在这个故事中，你最感兴趣的句子／段落／章节是什么？为什么？

③ What does the author hope to express his/her feelings and opinions in the work？

作者希望通过这部作品表达何种感情或观点？

④ What do you think would be the most possible ending suppose the story occurs at the present？

如果这个故事发生在当下，你认为会有什么样的结局？

（2）选答题（Optional questions）。

① What part is the most impressive description？Why？（Show the target paragraph and page）

书中描写最精彩的片段是什么？为什么？（请指出第几页第几段）

② Which part is the most puzzling？Why？（Show the target paragraph and page）

书中最令你看不懂的地方是什么？为什么？（请指出第几页第几段）

③ What's your different view of the plot development or the character description？

你对书中哪些情节的发展或人物的描写有不同的看法？

④ What inspirations can you get from the book to help you solve some problems in your life ?

这本书对你解决生活中感到烦恼的问题有哪些启发？

学生读前应先熟悉阅读思考题，读后以书面形式作答，同伴互评后提交答案，由老师检查和评阅。回答问题用英语、汉语或两种语言混用均可，答案字数多少不做硬性规定，目的是鼓励学生表达个人观点、看法和思想，把问题说清楚。初中生阅读的文章较为短小，每篇几百词到几千词不等，每一篇读后要做1~2道必答题和选答题；高中生和大学生文学阅读作品篇幅较长，每一篇读后要做所有必答题和部分选答题。

3．"引导·推动"的评价模块

引导与推动是过程性评价，也是自主性、监控性、协商性的发展性评价。引导是"拉"（pull），在活动启动阶段用拉力，把学生引入文学阅读圈的轨道，形成前行的惯性；推动是"推"（push），在活动运行后添加推力，让学生在阅读圈轨道上匀速前进。"推""拉"力学方向不同，时间节点有别，但两股力量交织能使外在动力转化为内在动力。

引导性评价分自评、互评和他评。自评采用知识、能力、情感三维自评表（见表6-1）。每个表设五项，每项列"满意""基本满意""不满意"三个评价等级，学生从每一项中勾选一个最能反映个人阅读情况的等级，并自由表达阅读反思。三维自评活动目的有三：一是含蓄地引导自主阅读习惯，二是为教师提供可视的评价材料，三是"改变过于依赖外部评价而忽视自我诊断"的状况（储朝晖，2014）。知识自评表关注词汇习得、文学常识、优美词语、英语国家文化等语言知识；能力自评表侧重阅读技巧和阅读技能，如猜测、理解、预测、检验以及解释隐喻、分析结构、复述事实、判断推理等能力；情感自评表侧重阅读时间、阅读进程以及阅读愿望、自信心、兴趣、动机等项目。

表6-1 英语文学阅读自评表

一、知识评价表

评价项目	评价等级		
	满意	基本满意	不满意
①通过阅读，我学到了更多词汇知识			
②通过阅读，我积累了一些文学常识			
③通过阅读，我了解到一些英语国家的文化			
④通过阅读，我感悟到文学语言的优美			
⑤通过阅读，我领会到英语的魅力			

二、能力评价表

评价项目	评价等级		
	满意	基本满意	不满意
①阅读中，我能通过上下文猜测词义，理解大意，分析和比较人物和事件			
②阅读中，我能推测故事情节的发展，并通过阅读验证自己的预测			
③阅读中，我能把握文章主要情节，并把握文章主题思想			
④阅读中，我能关注语篇结构、文体特征、修辞手法			
⑤阅读后，我能完成必答题和部分选答题			

三、情感评价表

评价项目	评价等级		
	满意	基本满意	不满意
①我每天坚持阅读30分钟			
②我每天能自觉愉悦地完成阅读任务			
③阅读中，我对故事情节、语言描写、人物刻画、风土人情很感兴趣			
④阅读中，我能主动与同学交流与分享			
⑤阅读让我体验到英语学习的进步和乐趣			

阅读反思（请写一写最近在文学阅读中自我感觉哪些方面做得比较好，哪些方面还有欠缺，字数不限）：

阅读自评表每3~4周发一次，要求学生填写后提交。自评表成绩是综合评价的依据之一，教师主要观察学生知识、能力、情感的三维变化，或根据学生的阅读反思，与学生进行协商交流，从中发现问题，分析问题，有针对性地解决问题。

阅读互评是"同伴评审"（peer review），互评内容是"阅读思考题"书面作业。具体方法：把实验班分成若干阅读小组，每组4~6人，选出各组组长，由组长组织互评活动；学生不能给自己打分，但可以给他人打分；组员之间交换评阅，每份作业必须由2个人评价，取2人评价的平均分作为互评成绩，然后组长签名。教师应做好学生互评前的培训，让学生明确作业评价标准（见表6-2），尽量使互评结果客观、公正、有效。

表6-2 阅读思考题作业评价标准

评价项目	评价等级		
	一般	良好	优秀
作品理解	未认真阅读，基本不理解作品	认真阅读作品，理解基本准确	深入阅读作品，理解比较深刻
论据举证	未提出个人观点；所提观点缺乏合适的论据	所提观点有一定论据，但不够充足，即论据与观点之间逻辑联系不强	所提观点论据充分，且论据和观点之间逻辑联系强
联想拓展	很少联系自己生活、本学科知识或其他学过的知识来回答问题	基本能联系自己生活、本学科知识或其他学过的知识来回答问题	恰当地联系自己生活、本学科知识或其他学过的知识来回答问题
创意表达	回答缺乏新意、人云亦云	回答有个人见解，有一定创意	回答新颖独特、不落俗套

他评是教师根据朗读以及自评表、阅读日志和阅读书面作业等可视化材料，动态综合地考评学生的阅读表现，重点评价阅读态度、阅读进程和思维能力。

朗读评价属于表现性评价，教师应记录每个学生每次朗读的表现，如谁读了、读得怎样，用A、B、C、D（优、良、及格、不及格）评价等次，并记录在册。课堂分享朗读是一种教学手段或工具，目的是指导学生理解和欣赏作品，促进学生课外完成阅读任务。朗读评价标准设"四个度"，分别为①准确度（30%）：不错读、不漏读、不弄错重音；②流利度（30%）：按意群读，停顿合适，连贯流畅；③表现度（20%）：用不同语气、语调和表情表现不同情感；④参与度（20%）：积极参与，音量合适。

日志评价应定期或不定期检查或抽查学生阅读日志（见表6-3），观察学生的阅读时间、阅读进度和阅读兴趣，记录评价结果。查看日志前应征得学生的同意，主要看学生日常阅读表现，建议以表扬、鼓励或激励的话语为主，正面引导各类学生完成阅读与日志任务。

表6-3　阅读日志

日期	投入时间与阅读词数	问题与思考	自评
×月×日			

思考题作业评阅是教师根据"阅读思考题作业评价标准"（见表6-2）或"阅读思考题作业评分表"（见表6-4）进行评阅，参考学生互评成绩，最后打分并记录备案。

阅读思考题出现的频率和数量各学段不同。初中数量较少，要求较低；高中和大学数量一样，但要求有所区别。阅读思考题作业纸统一印制，要求学生课外完成作业，经过互评后提交。对于写得较好的或进步较明显的学生，教师最好有感而发地写几句批语，因为鼓励的评价是对学生的一种激励。

表6-4　阅读思考题作业评分表

评价项目	评价要点	分值比例
理解性	对作品有个人化理解和观点	20%
逻辑性	能够运用分析、综合、比较、分类或概括等方法概述作品	30%
拓展性	能够运用推论、置疑、解释或评判的方法阐述个人观点	30%
创意性	能够运用联想、比喻、通感等语言表达个人思想	20%

开展文学阅读的各种活动，如评选"佳作"和"三星"等。要求学生阅读后创作一些有价值的成果，如写一篇读后感、续写或改写原作、把作品改编成剧本、拍一段微电影等，从中评选出"优秀书面作业""优秀英文故事""优秀作文奖""最佳创作奖"，然后把评选出的佳作在课堂上展示（如投影或张贴），或在班刊、校刊上刊登，或在博客上发表，或作为文娱活动表演节目。"三星"是指"阅读之星""思维之星"和"进步之星"，分别评给阅读量最大者、阅读思考题表现最佳者、在原有水平上进步较大者。这些阶段性评比是发展性评价，旨在让各层次学生体验成功的快乐，增强学习自信，并营造比学赶超的氛围。

4．"反思·超越"的发展模块

反思是一种对行为的理性思考，也是一种积极主动的意识状态和有预期的意识指向（胡萨，2010）。文学阅读反思以学会阅读为旨趣，以转变观念、推动阅读为宗旨。反思的焦点是个体自评、同伴互评、教师他评的信度和效度，从三维自评、同伴互评、朗读评价、思考题评阅和阅读能力等方面获取反馈信息，观察阅读体验。教师应坚持写教学日志，记录发生的事件、有意义的问题与解决的方案，从不同角度反思，采用不同的问题策略和对话策略（见表6-5）。

表6-5 教师反思的问题策略

反思目的	问题形式
明确阅读意义，实施文学阅读	英语文学体验阅读的意义是什么？
更新教学观念，进行教育改革	如何把握日常教学与文学阅读教学的关系？
营造阅读环境，开展体验阅读	如何在班级和学校营造文学阅读的氛围？
制造阅读动力，激发阅读兴趣	如何制造文学阅读的内在动力、再生动力和持续动力？
课堂导读助读，师生互动互促	如何在课堂上组织有效的导学和探究活动？
寻找教学策略，推动阅读活动	如何监控和评价学生课外的默读、朗读和研读？
观察学习行为，判断阅读效果	如何观察学生阅读行为和能力的变化？

超越是指学生在文学阅读中读写水平和思维能力大幅提高，综合素养逐步发展。发展意味着学生在体验阅读圈轨道上呈现正向反馈回环的态

势。反馈回环是一种连续的递归过程，从系统输出之后又通过输入反馈到系统自身；正向反馈回环能够促进事物迅速增长（戴维斯，2011）[198]。阅读正向反馈回环的建立，意味着教师干预逐渐减少，班级会涌现出许多超出预设的学习行为，如自发寻找文学读本、自主调控阅读难度、自觉延长阅读时间；在自由阅读中形成爱读促会读、会读促快读、快读促多读、多读促发展的良性循环，养成用写作表达个人理解和观点的习惯，从而提高阅读素养。因此，教师应总结经验，加大文学阅读课程化和教学化力度，推动阅读朝正态化发展，使阅读成为学生个体学习生活中的一部分。

文学阅读需要改变课程结构、教学内容和教学方法。学的行为转变始于教的行为转变，教的行为转变具体表现为"三减三加"。第一，减少讲授比例，增加课内阅读时间。"讲得太多"是英语教学一大通病，"讲语法""讲阅读"占用了大量宝贵时间。从教师牙缝里"挤"时间既易又难：易的是把说或讲的时间直接让位于文学阅读，难的是如何把握"不教"的度，即了解学生哪些已会了、哪些自学就能懂、哪些需要教。第二，减少练习题量，增加课外阅读时间。做作业是显性的，教师评阅时看得见、摸得着；阅读是隐性的，教师看不见、摸不着。因此，必须采用表现性评价手段，让"是否阅读、阅读得怎样、阅读带来了什么改变"看得见、摸得着，让学生用心、教师放心、家长安心。第三，减少机械训练，增加阅读思维机会。标准化测试不等于标准化训练，把测试方法作为学习方法，这是很大的误区。我们不提倡各种形式的标准化练习及"豆腐块式"的功利性阅读，提倡把教学起点放在学生的困惑处，将学生的思维引向开阔处、纵深处，激发学生的"阅读欲"和"思维欲"。"加减法"的运用需要教师有反思的智慧和改革的勇气（黄远振 等，2013）。

英语文学阅读有助于语言和思维能力的发展，这是毫无疑问的。但是，在入门阶段，学生不一定喜欢阅读，不太愿意与教师配合，许多学生缺乏忍耐力、缺乏吃苦精神和进取心。其实，进取心和吃苦精神是任何社会永远都不能丢的宝贵品质，学生要明白先苦后甜、苦尽甘来的道理，养成弃乐从苦、以苦为乐的心态。从这一点看，教师可以"逼"学生吃苦，逼他们读写而非海量做题，这种逼会产生压力，压力可以转化为动力，

"兴趣有时是逼出来的"（武宏伟，2012）。英语教学中适当"强制阅读"很有必要，毕竟"学习不是学生的本能"。当然，对于语言基础薄弱且不愿意配合的学生，不一定强求与其他同学一致，教师可以对他们适当降低阅读量、阅读速度等方面的要求，应主动让他们理解体验阅读的意义和价值，指导他们拟定阅读计划，指点阅读方法，为他们提供必要的"支架"，帮助他们达到凭一己之力达不到的高度，完成凭一己之力所不能完成的任务。

本章小结

文学阅读活动要求精选高质量的阅读材料，是阅读课程教学化的要务之一。文学作品"五层选材"理论是指结构、文体、内容、主题、历史文化五个层面，其参照系有两个：一是阅读文本，二是阅读主体。基于文本层次、课程目标以及发展学思能力的"学生与文本互动"文学选材框架，提出真实性、可理解性、关联性、趣味性四个原则。

从外部环境看，阅读需要做两件事：一是创造必要的学习条件，二是营造良好的阅读氛围。学习条件是指学校图书馆扩大英文读物藏书量，开辟温馨宁静的阅读空间，建立班级阅读书橱，供全班同学借阅分享。阅读氛围方面，学校要有计划地组织"促读"系列活动，英语老师应当让学生参与到阅读活动中，形成班级阅读文化。

英语文学体验阅读READ教学模式包括阅读（reading）、探究（exploring）、评价（assessing）和发展（developing）四个要素，阅读包含默读、朗读、研读三种读的形态，探究包括思索、分享、讨论三种活动形式，评价具有自评、他评、互评三种评估方式，发展指向促读、促写、促思三维拓展目标。从教的角度看，READ教学模式分"导读·共读"的阅读模块、"互动·产出"的探究模块、"引导·推动"的评价模块，以及"反思·超越"的发展模块，它们之间相互区别、彼此关联、互动互促、互生互成、浑然一体。

英语阅读活动中，教师要让学生明白先苦后甜、苦尽甘来的道理，养成弃乐从苦、以苦为乐的心态。"兴趣有时是逼出来的"，教师可以"逼"学生吃苦，适当"强制阅读"，帮助他们达到凭一己之力达不到的高度，完成他们凭一己之力所不能完成的任务。

第七章　　阅读教学活动化

　　活动是人存在和发展的基本形式。教学活动源于现实生活的需要，是培养人的社会实践活动，具有参与性、主动性、实践性等特征。文学阅读教学活动化，主张采用支架式持续默读方法，建构"阅读准备·持续默读·读后活动"教学圈；在阅读评价中，倡导记录日志、开展朗读、评选"优秀作品"和"阅读之星"等活动，以诱发阅读的情趣，产生可持续的阅读动力源。研究显示，文学阅读能够有效提高思维能力，发展学生的语言创新思维倾向；文学阅读是一种可替代传统应试教育的学习方式。

第一节 教学活动概述

从哲学的范畴讲，活动是人存在和发展的基本形式，是通过对周围现实的改造实现人的需求或目的的过程（田慧生，1998）。活动不仅包括人的有意识与无意识的活动，而且包括动物的本能活动；不仅包括主体能动地改造客体的活动，也包括客体对主体的强制所引起的活动（谭培文，1992）。人的活动多种多样，有认识活动、实践活动与交往活动，有创造物质财富的活动，有精神创造的活动等（皮连生 等，2011）。

教学活动起源于人的现实生活的需要，也就是说，人的现实生活是教学活动的根基。教学活动是一种培养人的社会实践活动，它与社会生活既有密切的联系，又有根本的区别。教学活动作为一种与人的生存状态和生活方式密切相关的社会实践活动，其本质上是一种人的特殊的生活过程，它具有教育性、主体性和生成性等特点。教学活动的教育性，是指教与学不仅是一个知识授受过程，而且也是一个完整的人的成长与发展过程，其目标是促进人的整体生成和完满精神世界的建构；教学生活的主体性，是教学中主体与客体、主体与主体以及主体与自我之间的相互作用，以促进学生的成长与发展；教学活动的生成性，是教师引导学生不断地超越现有的生存状态和生活方式，不断地走向一种更有生活价值、更有生活意义的可能生活的过程。（王攀峰，2009）

从学的角度看，教学活动可分为两大类：一类是接受学习，即由教师传授给学生书本知识；一类是活动学习，即由教师指导学生从活动中进行学习。这两类学习并非截然对立，而是相互联系、相互促进的。接受学习是学生在教师系统讲述、讲解的前提下进行系统的学习；活动学习是一种基本的学习方式，是学生在教师的指导下，借助特定情境的创设和一定问题的牵引，以知识、能力、情感多方面发展为目标，通过丰富多彩的具有自主性、实践性、探索性的主体活动，促进学生整体发展的学习方式。活动学习作为一种学习方式，存在于英语课程教学之中，也存在于阅读教学之中。文学阅读的活动学习，表现为学生在教师指导下、在问题和任务双重驱动下，开展个体自主阅读、独立探究思索、群体合作分享等发展性活动。

从教的角度看，教学活动是以鼓励学生参与、主动探究、主动思考、主动实践为基本特征，以主体—客体、主体—主体和主体—自身三个向度为互动形式，以实现学生多方面能力综合发展为核心，以促进学生提高核心素养为目标的教学方式。作为具体教学形式，教学活动包括多种类型：根据目标领域，分为认知类活动、技能类活动和情意类活动；根据目标取向，分为行为类活动、生成性活动和表现性活动；根据表现方式，分为外部活动、内部活动两种基本活动；根据组织形式，分为个体活动、小组活动、群体活动；根据教学主体对教学客体作用程度，教学活动又表现出不同的层次和水平（李松林，2011）。有意义的教学活动，必须同时满足三个条件：一是有具体的学习目标，二是有针对目标的练习与反馈活动，三是通过评估确定所希望的行为（学习）变化是否出现（皮连生 等，2011）。阅读教学活动具有物质、社会和心理的基础，这种活动具有认知性、参与性、表现性、整体性、建构性等特征，能够发挥认知、驱动和发展等促学功能。活动的认知功能，是指阅读文学作品能够激活（activate）读者的背景图式，活化其知识经验，催化其阅读情志，使之身体器官、认知结构、主体意识联动起来。活动的驱动功能，是指活动能够产生"压力、动机、挑战、投入、互动、分享、成就感、兴趣、信念"等学习动力，从而驱使学生进行文学阅读。活动的发展功能，是指阅读强调学习主体自主、能动、探索、建构的活动，它能够促进学生的认知、思维、情感、行为和智慧等多方面发展。

第二节　持续默读活动

一、理论依据

"持续默读"（sustained silent reading，简称 SSR）概念最早出现于 20 世纪 60 年代，这一概念的提出在学界引起了很大的反响与共鸣，很多阅读专家先后证实了 SSR 的有效性，并加以应用推广。研究显示，二语学习者使用 SSR 方法后能够享受和喜爱阅读，学习行为发生了积极的变化，特别是，它能够培养学生的读写素养（崔利斯，2009）[138]。2010 年，Krashen 在国际阅读大会上做主旨发言，重申自主阅读的重要思想，同时介绍了他的 SSR 研究实验，明确区分了"纯粹的 SSR"和"改良的 SSR"两种方法。纯粹的 SSR 指学生自选读物、自主阅读，无考试、无技巧训练、无人监督，教师不讲解不干预，而是营造阅读氛围，与学生共读；改良的 SSR 又称"支架式默读法"（scaffolded silent reading），指教师引导学生选书、阅读过程适度监督、做少量检测、学生适当做读书笔记或讨论（陈则航 等，2010）。两种 SSR 方法有三点共性：一是读时默不作声；二是应当"抛开一切、专心阅读"（drop everything and read）；三是需要"持续不受干扰的阅读时间"（sustained quiet uninterrupted reading time）。文学作品一般篇幅较长，少则几千词，多则几万词，需要教师给予学生适当帮助，指导他们制造"安静效应"（quiet effect），让他们挤出持续的不受干扰的阅读时间进行持续默读。持续默读既是深度阅读，也是整体阅读，它能使学生产生积极的反应，继而产生继续阅读的动机。

深层阅读，是指阅读达到一定的程度和水平，亦即学生理解文本，触及事物内部和本质的程度、触动学生情感和思维的深处。深层阅读也是批判性阅读，2016 年开始实施的美国新高考（SAT），阅读考试注重"仔细阅读文本，进行批判性思考，从文本自身找到回答问题的证据"等思维技能（王爱娣，2014a）。无论是深层阅读还是探究性阅读，它们都要求读者"像侦探一样读出弦外之音"（王爱娣，2014b）。实际上，深层阅读是在理解文本的同时，实现自我建构知识，在发展语言能力的同时，受到情感熏陶,获得思想启迪、审美乐趣、文化积淀,实现对文本的超越（杨宏丽　等，2013）。

深层阅读是有耐心有思考的阅读，它不仅关注学习结果，而且关注学习状态和学习过程。美国阅读课堂一般只设计三个环节：一是导读和独立阅读，二是大声朗读，三是问题探究。导读是教师对所读课文的简要评介，独立阅读即不受干扰、不间断的个体阅读，约 10 分钟；朗读是群体活动，约 5 分钟；问题探究是教师把文本问题化，引导学生回答和讨论"基于文本的问题"，并进行适当的书面练习（王爱娣，2014b）。SSR 教学与美国阅读课首尾两个环节吻合：教师提供足够的静读时间，要求学生自己先读课文、整体感知文本，理解文本的内容和表达形式，而不依赖他人读或讲解。在此基础上，师生进行深层阅读，分析文本字里行间之意和言外之意，使"识记、理解、应用"的低阶思维转向"分析、评价、创造"的高阶思维。

人的整体性决定了教育的整体性。现代外语教育观认为：整体的价值存在于完整的体系中，整体先于部分，整体大于部分，语言是一个活的机体，不能被切割成一块一块地去"学"；语音、语法和词汇构成语言知识体系，学习语言知识只是语言运用的准备，不等于语言运用；阅读是一个认知过程，是获取意义的积极过程，识别词义和获取词的意义是不同的，识别词义并不一定能获得文本的意义，识别文本中的所有单词并不意味着掌握文本的实质。

在整体阅读中，读者往往不是对课文中所有的单词做精确的解码，回答字面上的理解问题，而是综合自己的知识来构建语篇的意义；不是只掌握一些孤立的技能（如略读、扫读等），而是在真实的阅读情景中灵活地运用阅读技能来推导出意义。从整体原理看，一篇文章就是一个"格式塔"、一个自足的"知觉整体"，其意义的实现体现在文本的整体把握之中，读者在逐词逐段阅读过程中，超越一个又一个的局部，从而整体把握文本的内容与内涵。假如抛却了整体的把握，即便对每一个部分、每一个要素分析得再细致、再具体，也不可能真正获得作品的意义（李梅，2012）。SSR 教学是相对集中一段时间，让学生持续注视课文、持续输入语言、持续加工信息，达到对课文的整体感知、整体理解、整体把握和整体感悟。这种阅读方式有利于学生发展认知结构，提高独立阅读和分析评价的能力，养成良好的阅读习惯。

读者反应论（reader-response）是西方20世纪文学界新兴的研究读者系统的理论，它以英美文学家为主要代表，把文化研究的总体范围扩大到文学阅读的接受活动和读者，从而弥补了以往文学研究忽视阅读的接受过程及阅读主体的缺陷。读者反应论认为，文学研究不能忽视读者，在作者、文本、读者和意义四者关系中，必须把读者对作品的反应作为研究的焦点。作为阅读主体，学生对文本的理解可能有共识也可能有不同见解，但无论是共识还是不同的理解与反应，教师应当充分尊重学生对文本的理解，鼓励他们从不同角度解读文本，发表个性化见解，在群体中分享各自的观点。

阅读动机是一种学习动机，与阅读密切相关，是在阅读需要的基础上产生的，是直接推动人们进行阅读活动的内部动因。文学作品具有丰富性、趣味性、生动性和意义性等特点，当学生持续默读达到一定的强度，或被作品中的人物、事件、情节所吸引时，阅读需求就会不断增强，转化为纯正的阅读动机，使阅读活动有着明确的目标。这种动机会指向具体的读物，形成一种非读不可的心理状态，推动学生进行个体的持续的阅读活动，以满足持续默读的内部心理状态。

二、操作应用

1.教学程序

初高中英语文学阅读教学可以尝试纯粹的持续默读，教师引导学生自选读物、自主阅读，阅读过程无考试、无技巧训练，教师不讲解不干预，但应了解学生的阅读进程，及时帮助其解决阅读困难，督促其可持续的阅读。当然，也可以采用"支架式默读"法，教师为学生提供阅读材料，引导学生明确阅读任务和目标，要求学生做读书笔记，适度监督阅读过程，组织少量的读后活动。黄少珠等（2014）借鉴Chambers（1995）的阅读循环圈，设计基于"支架式默读"的高中英语文学阅读"持续默读"教学循环圈（见图7-1），并赋予其新的内涵要素。

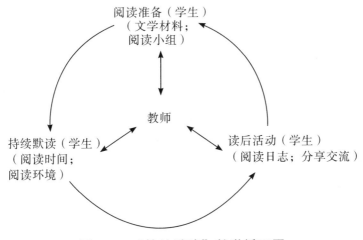

图 7-1　"持续默读"教学循环圈

第一，阅读准备。一是准备好持续默读的内容和材料。根据教学目标、教学计划、学生的阅读兴趣以及语言认知情况来拟定阅读书目；阅读选材应考虑学生的认知水平和阅读意向，抛开教师的阅读成见，突出学生的阅读兴趣，选择丰富多样的作品。二是成立阅读小组，为读后的交流分享做好准备。小组人数以 4~8 名学生为佳，这样有利于小组中的每位同学都有足够的机会各抒己见。此外，组内异质，组间同质。异质即团队成员的性别、个性、兴趣爱好、能力水平等方面要保持适当的差异，以利于互补；同质即每个团队的集体学习成绩水平、性别构成等方面大体相同（丁桂凤，2005）。

第二，持续默读。持续默读必须有时间的保障，教师应该指导学生合理安排阅读时间，尽量缩短间隔周期，最好每天都有阅读活动，并能持之以恒。也可以把阅读时间纳入教学进度安排，通过灵活处理教材内容，适当减少学生课内外作业式阅读的时间，以增加持续默读活动的时间；或者，每周拿出一两节课中的 15~20 分钟来让学生默读文学作品，并且根据情况引导学生安排课外的持续默读时间，课内持续默读是为阅读而阅读，即不附加其他任务，是纯粹的持续默读。

第三，读后活动。一方面，要求学生简要记录阅读时间、阅读次数和阅读问题等信息。另一方面，组织分享交流活动。每周抽出一个课时作为阅读活动课，或让学生与同伴分享阅读感受和心得体会，或组织复述故事、短剧表演、朗诵表演、角色对白等活动，或根据某个阅读思考题进行讨论探究，或展示优秀阅读日志和书面表达作品。

2.活动示例

以阅读 *The Booming Boots of Joey Jones*（《乔伊·琼斯的大力球鞋》）小说为例，呈现持续默读循环圈的教学活动。

阅读准备阶段，选取 *The Booming Boots of Joey Jones* 作为阅读材料。该作品约5500词，语言简单，故事情节生动有趣，在主题、结构、人物刻画和内心描写等方面都十分精彩，会诱发学生的阅读兴趣。导读环节，要求学生记录每天阅读情况，阅读过程中思考若干问题，如"What's the most interesting or impressive description in the story? Why?""Will Joey and Tank become friends?""Will Joey grow up being a great football player as he has dreamed?"等。

持续默读阶段，要求学生每天至少默读20~30分钟，一周内完成这部作品，并把握故事内容和主线。

读后活动阶段，重点讨论阅读活动课的教学过程，具体分四个步骤：

第一，导入·启动。明确课堂教学目标，播放周星驰电影《长江7号》中小主人公小狄梦想用七仔的超能力让他拥有了一双超级球鞋的镜头，激发学生联想"Joey Jones got a chance to play for the school football team, so he wanted some proper football boots."故事情景，并引出读前提出的若干思考题。

第二，朗读·欣赏。以朗读活动启动本课教学，要求几位学生个别朗读或分角色朗读自己喜欢的段落，检查他们阅读理解情况，鼓励他们大声诵读，读出感情，其他同学边听边看相关段落。朗读之后，请学生阐述喜欢该段落的理由，讲出内心的感受。

第三，复述·表演。教师以Joey的情绪起伏变化为线索，用PPT展示反映Joey情绪的图片，辅以提示性问题，如"What happened in this picture? What did the others think of Joey? How did Joey feel?"等，让学生以看图说话的形式复述故事。本环节帮助学生对故事情节了解得更清晰，对Joey的情绪起伏变化体会更深刻。活动课上有一个小组表演了4分钟的话剧——长大后成了一名足球教练的Joey，正在指导球队进行世界杯足球赛赛前训练。

第四，探究·写作。教师通过课件展现问题："Are good boots important or not important for winning a game? What did Joey owe his success to at the end of the story? What else do you think is important for success?"。让学生分组讨论，提醒他们结合自身经历或他们所熟悉的名人的成功经历寻找答案，讨论后请小组代表发言。发言中由于各组观点不一，进行了一番辩论，促进了沟通和理解。

课后，要求学生从 Tank 的角度用第一人称复述故事，写一篇短文，突出 Tank 作为主力队员一心想赢球的心态，描述其对 Joey 态度的转变。

持续默读教学循环圈不仅突出教师在各个环节的中介作用，而且体现学生的主动阅读、自主探究、问题解决、交流学习的主体作用。整个流程三个阶段不是一次"有始有终"的直线型短暂活动，而是一个个"周而复始"的螺旋式循环过程。

第三节　阅读评价活动

阅读评价并非检测学生的语言能力，而是一种过程性及表现性评价。这种评价把课外持续默读、读后思考以及阅读活动课等环节贯穿于全过程，旨在发展学生的学习情趣，积极引导和促进学生阅读，使文学阅读成为日常化、常态化的学习活动。2012 年 9 月 1 日至 2013 年 8 月 2 日，厦门外国语学校 [①] 2014 届高二的徐孝邦、林芸和魏育秀三位老师分别在 13A、14A、15A 三个小班开展英语文学阅读活动。实验中徐孝邦老师撰写了约 10 万字的教学日志，真实记录文学阅读教学活动，本节还原部分教学日志内容。

一、阅读日志的评价

　　[2012 年 9 月 12 日，周三] 第一次收 13A 班阅读日志，详细审读后发现，他们做得相当出色，超出我的预期。我除用 ABC 为其标注等级外，还利用晚自习的便利，展示了大部分学生的阅读成果。有的记录阅读时间及具体字数，有的写 "read harder and harder"，有的写 "第一天读得很爽"。我简要点评如下：记录内容丰富，甚至还包括读后心态及情感的变化，非常值得肯定，希望能继续深入思考写出一些不只停留于 "满意" 之类的自我评价语。

　　[2012 年 9 月 24 日，周一] 林芸说，她已让 14A 班的学生改为用本子写阅读日记，准备定期收来看看，并写评语。我说，改用本子写阅读日记这个做法好。

　　[2012 年 9 月 25 日，周二] 早上做单元测试，我们商定，考卷 150 分折合成 140 分，阅读日志占 10 分，分别计入成绩。

　　[2012 年 9 月 26 日，周三] 第二次收回阅读日志。问了几个学生阅读时间和字数的登记是否准确，回答基本上是准确的。问他们自评 ABC 的依据是什么，他们说如果读得舒畅，时间够长，就自评 A；如果不舒畅，

---

① 该校为寄宿制学校，除周末外，学生每晚在校自习近3小时。

或者读的时间不够长，就自评 B。Gabriel 与 Edgar 的日志写得较有代表性，明天要单独展示一下。

［2012 年 10 月 24 日，周三］最近学生似乎不太愿意交阅读日志，到今晚为止，还有 10 个左右未交。逐一询问原因，Lydia 的反应很反常。我让她到教室外面交谈。她小声地说："我写的东西很私密，不喜欢让别人看，包括老师。"她的话让我想起"实验伦理"这个词。既然她把这个东西当作私密，我就不再要求她交，只是鼓励她坚持阅读。

［2012 年 10 月 25 日，周四］今天跟学生公布阅读平时表现的评分细则，指出日志占总分 150 分的 10 分。跟林芸交流阅读日志收交情况，没想到她已收齐并打了分，她说很早就公布了评分细则。

［2012 年 10 月 29 日，周一］还有 7 个学生未交第三次阅读日志，有的说"丢了"。也许他们也没认真写。这个问题如果不及时解决，恐怕有更多学生将不能一如既往地写日志。

［2012 年 10 月 31 日，周三］今晚收日志。第一次有 12 个人交了，许多说没写，问及有没有读时，均答有。尽管如此，还是应增加收交的次数，不然有的学生可能就偷懒了。

［2012 年 11 月 7 日，周三］费心、费神、费力地统计两个月来阅读日志中记录的阅读时间和阅读数量，发现两个问题：一是用一张纸登记，学生易丢；二是有两三个学生不想交，说是日志里有个人想法，不想公开。

［2012 年 11 月 16 日，周五］来监考时发现科代表 Jack 把如何操作日志的建议放在办公桌上，是我上周让他写的，原文如下：

为了解同学们对记阅读日志的看法，我特意做了一份问卷调查，调查是否愿意写日志。全班 56 人，2 人愿意，41 人不愿意，13 人无所谓。根据调查结果，我谈谈个人看法。大多数同学不喜欢每天记阅读日志，我也不喜欢每天记，这有点像记流水账。我建议把阅读日志取消，换成每两周一篇英文读后感，依大家的阅读速度，两周读一本书不是问题，就算读不完一本书，在两周英语阅读中肯定会有所感触。读后感评分可替代阅读日志的成绩。若老师赞同我的建议，那是我莫大的荣幸，若我所言太过片面，还望能与老师多沟通。

我简直可用"欣喜若狂"一词来形容当时的心境。因为，我本来很担心"政令不通"，由小问题而致"沉疴"，降低实验效果乃至导致实验无效。有执行力这么强的科代表，我真是太高兴了。他反映的情况表明，同学们并非排斥阅读本身，而是阅读的评价方式。这给了我对症下药的良方。

我与林芸分享这个调查，她说可以换一换阅读评价方式。活动可以多样化，了解学生的阅读心态，尽量减轻学生的负担，才能调动他们的积极性。

二、朗读作品的评价

[2012年9月10日，周一]今天课堂抽查三个学生朗读，声音都较大，语音好，读起来熟练。Cid比上次表现好得多，而Jeff对意群的把握不够好。课后林芸说，她今天抽查三个学生，起初读得不够好，许多单词不会读，意群也常读错，但读着读着能马上改正过来。我说，这说明学生读的时候很用心，很投入。

[2012年9月17日，周一]提醒学生做好课前阅读，并告知第二天检查朗读情况。课后与两位同学私下沟通，督促他们加强练习朗读。

[2012年9月20日，周四]今天用两种方式检查：一是个人朗读，二是分角色朗读。Jim读 *Sherlock Holmes* 中的几段对白。我临时决定先朗读一遍，故意读得不好，没感情，问学生能不能比我读得好。接着向学生说明朗读评价标准的四个"度"（准确度、流利度、表现度、参与度）。参与第一组朗读的分别是Jack、Edith和Eric，他们读得不是很顺，让他们又读了一遍。随后让Edith对整组的表现进行评分。她说自己可以打100分，自我鼓励，另两人打85分和65分。我很欣赏Edith的自信，给这一组80分。第二组是William、Keller和Vivian，Vivian给自己打95分，其余两位打95分和99分，我给他们这组打95分。花这么多的时间检测朗读，目的在于起示范作用，引导学生有感情地朗读。

[2012年10月16日，周二]今天让学生朗读课文。A同学先读，读后进行自评，并指定13A班一个B同学读，B读前先评价A，读后再自评，然后指定C同学，依此类推。我把朗读四个"度"评价标准写在黑板上，让学生评得更有针对性。他们大都照此标准进行自评和他评。

Jack 评得最具体，他自评流利度弱一些，表现度不够。我总结时鼓励他们大声朗读，读时注意音调的抑扬顿挫、意群及词块的停顿等。

〔2012 年 10 月 31 日，周三〕上周 Joy 跟我说，能不能利用周三晚自习时间朗读给我听。有学生愿意主动献技，我求之不得，哪有拒绝的道理？晚上快下课时，她果然来了，还说 Lydia 与 Joe 也想加入这个行列。她读的文章是 *Dad*，全文 400 词左右，读得比较顺畅，基本上没停过。我说，文章里有父子角色，两人年纪不同，音调有异，情感不同，读时应尽量想象两个人对白的情景。她说下周再来读一遍。这么积极主动的学生，应该在实验班里表扬，使之成为其他同学的典范。

三、学生作品的评价

〔2012 年 10 月 26 日，周五〕今天教虚拟语气，要求学生根据所读内容用虚拟语气写 5 句话，编成一个故事。这种做法类似于美国的 Grammar Composition 课。以下摘三则：

Without the Internet, I wouldn't have learnt a lot of knowledge which helps me know the world. If I hadn't asked questions online, I wouldn't have had some friends, who have graduated or studied in universities. But for the Internet, I wouldn't have known Jobs, who contributed his life to Apple company and gave us the concept of smartphone. Apparently the Internet is a good companion. However, each coin has two sides. I wouldn't have known what I would have done if I had been addicted to the virtual world. Both of us should take good use of it. (By Trojan)

评语：能根据要求用不同虚拟语气的形式写成一个较为完整的故事。有的词语搭配不够地道，但并不妨碍理解。

If Mr. Xu hadn't been a student of Mr. Huang, he would not have known him. If Mr. Xu hadn't known Mr. Huang, he would not have visited his blog. If Mr. Xu hadn't visited Mr. Huang's blog, he would not have asked us to read this article. If we hadn't read this article, we would not have had so much reflection. (By Jack)

评语：相信最后一句是真心之感悟。这不仅仅是语法练习，而是真实地用英语表达想法。

If I hadn't read the article, I would still think grammar is very important. If I had read the article before this term, I would not have gone to the summer school to learn grammar. If I hadn't gone to learn the grammar, I would have finished the fourth one of *Harry Potter Series* during the summer holiday. If I had finished it earlier, I would have begun to read the rest of the *Phoenix* before this term and maybe I would have finished it. And if I had read many English stories, I would have made more progress now. What a pity!（By Joy）

评语：Joy 一直在读 *Harry Potter Series*，她已将该小说读了不下两遍，有的章节还翻来覆去地读。本段故事的描述缘于真实，内容丰富而又富有逻辑，虚拟语气用得自然得体。

［2012 年 11 月 5 日，周一］下课后，Cid 找到我，问能否表演，他最近读 *Teahouse*，适合表演。他说："When I read the novel, I suddenly have an idea：why don't we perform it？ Because *Teahouse* is a play, I think we can perform it very well."。我说，这个想法很好，但如何排练？演员如何挑选？写到这里，突然想到，把各种活动名称写出来，让他们自己挑选一个，本学期内完成，岂不更好？活动形式有：回答阅读思考题、写一篇读后感、复述小说故事、续写或改写原作、把作品改编成剧本、拍一段微电影、讲故事、演话剧、配音等。

［2012 年 12 月 12 日，周三］依据活动计划，William 与 Jeff 首先展示"作品"，展示内容是 Introduction to *Sherlock Holmes*。Jeff 对材料不熟悉，读得不流畅；William 在 PPT 上呈现几个 key words，用自己的话进行介绍。我给他们分别打了 60 分和 80 分。

晚上我向 Jeff 了解情况，得知他很早就开始准备，也读了好几遍，之所以表现不佳，是因为面对同学会脸红。我叫他写一段反思的话，据此再打分。以下是他的书面反思：

I don't know how to write clearly. But to be honest, I think that monographic study is a good way of sharing experience and improving ourselves. So we chose Doyle, the writer of *Sherlock Holmes*, because detective stories are my favorite. We searched for useful information from Internet. However, it was not an easy task, because some data or files were not as important as we expected.

We discussed and finished PPT within two days. During the time, we chose significant paragraphs and suitable pictures which well match the content of the story. After doing both of these, we spent a class time preparing the demonstration. But what embarrassed me was that I failed to express myself clearly due to some strange words and my nervousness.

William did well as usual in the teamwork, which produced a vivid contrast with my poor performance. His performance reminded me of a sentence that Holmes had ever said, "Confidence is necessary. If you have confidence in yourself, you will not dare to do something difficult as well as succeed." I'm fighting my best for it, as I have promised.

评语：自评很全面，反思很深刻，不仅涉及活动本身，更触及灵魂深处。如能坚持，不进步都难！

［2012 年 12 月 19 日，周三］Eric 介绍文学作品的作者和人物，形式新颖，效果很好。他提出几个问题，只有个别同学回答，反应不够热烈。我总结时给他点赞，打了 88 分。由于他紧密结合阅读内容，我给他额外加 3 分以示鼓励。

［2012 年 12 月 20 日，周四］Cid、Lydia 和 Jack 3 人表演 *Teahouse* 配音，借助 PPT 视频，形式很好，得了高分。Lydia 和 Jack 的表现尤为出色，平时他们的声音都较小，这次相当自信大方，有气势。

［2012 年 12 月 24 日，周一］今天有两批次同学进行表演：Edith、Jessie、Vivian 和 Nancy 等表演《简·爱》配音；Adam 表演《从地球到月球》的一段解说词，有点像独白，形式很棒。我请几个同学评价 Edith 组。Eric 说："The film is touching and splendid. The scenes are beautifully set. But they need more practice, because they are not good masters of rise and fall."。Edgar 说："It is a good job. I can see that they put a lot of efforts in it. Edith and Vivian did it quite fluently.

The video is beautiful."。在此基础上我稍加发挥，并给他们打了分。随后，让 Adam 挑选一个同学来评价自己。他选 Jarvis。Jarvis 点评说："He did it fluently. I can see that he has practiced for a long time. His presentation is different from what I have seen. I give him 88."。我给 Adam 打 85 分。课后，Adam 提交一份自评：

I don't think my dubbing is good enough because I was doing it with my legs trembling. Just as William pointed out, I need to practice more speaking in front of class. However, I am so proud of myself!

I have prepared for the dubbing for almost two weeks. During the preparation, I found some problems including computer skills: I didn't know how to deal with the video and the captions. But I have tried my best imitating the speaker's voice and speed of his speech. Thanks to making the dubbing by myself, I had a lot of time practicing making this "report" fluently. In fact, I did the most of what I wanted except for a little nervousness.

［2013 年 5 月 29 日，周三］两周前选了 7 个组长，让他们抽选组员，组成创作小组，进行小说创作。第一天我让他们各组讨论了主题、梗概、主角、情节等。要求每天每组的小说创作均有进展，字数不设上限，最好有配图，做到图文并茂。今天下课后我又鼓励小组长并交代注意事项。从 10 来天的情况看，活动进展良好。Dean 在 Book Review 上写道："We decided to write a story including thriller, science and detective. It seems good but it's really difficult. I read many detective novels this term but I just can't learn from them. In fact, all the means we came up with can be found in the books so that our work can't be attractive."。我点评："Maybe it can! Even if not, it doesn't matter!"。我不在乎他是否能写得好，但这几个句子反映了他读写的进步，这种思维高度更令我欣赏。

四、"阅读之星"评选

［2012 年 10 月 30 日，周二］评选"阅读之星"活动，由林芸负责

运作。她设计的评选程序如下：

（1）设定奖项及评选办法（见表7-1）。

表7-1 设奖评奖一览表

奖项	项目标准	评选办法	各班名额	奖品
"读"占鳌头奖	读书最多	登记开学至今所读书本及字数	2人	水彩笔、票夹、相框、书签
"读"一无二奖	只读一本大部头作品	登记开学至今所读书名及字数	不定	牙刷、文件夹
"读"树一帜奖	阅读日志写得好或有个人见解	检阅开学至今阅读日志情况	不定	日程本
唯我"读准"奖	朗读好	统计历次朗读表现最佳的同学	1人	英语课外读物
"读"具一格奖	小组讨论发言好	投票评选	1~2人	笔记本、明信片

（2）统计班级同学阅读的各种数据。

（3）准备获奖者奖品和奖状。

（4）提名颁奖嘉宾（Celia、Edgar、Gabriel、Brank、Mary、Eric 6名学生）。

（5）确定颁奖流程（包括成果汇报、"记者"采访、嘉宾发言、获奖感言等）。

"记者"采访即小组讨论提纲如下：

① How many books have you read?

② How long do you spend on reading every day? When do you usually do the reading?

③ How fast can you read now?

④ Do you think reading is beneficial to you? In what ways?

⑤ What do you think about the reading journal?

⑥ Do you have any good experience in reading?

⑦ Do you have problems in reading? What are you going to do to solve these problems?

⑧ Do you have any suggestions for your teachers or classmates?

［2012年11月8日，周四］根据安排，各班"阅读之星"获奖名单见表7-2：

表7-2 各班"阅读之星"获奖名单

"读"占鳌头奖	Jack（103450词）、William（94370词）
"读"一无二奖	Roy
"读"树一帜奖	Gabriel、Edgar、Brank、Jessie、Cid、Gina、Edith、Jeff、Mary
唯我"读准"奖	Eric、Celia
"读"具一格奖	Edward、Carl、Carrie、Jenna

颁奖仪式用了整整一节课，14A班"读"具一格奖的 Edward 和 Carl 两名同学发言表示支持读书活动。颁奖结束前，没想到林芸给我和魏育秀老师也颁了奖，分别是"读"步江湖奖和"读"领风骚奖，令人意外，真是太感动了。

第四节　阅读实验活动

一、实验假设

高中英语教学何以评估文学阅读对学业及思维的影响，仍缺少系统的经验层面上的科学研究。为了弥补这一欠缺，徐孝邦等人（2013）以文学阅读活动为导向，利用期末测试卷以及语言创新思维倾向及语言创新思维能力量具等，检测文学阅读对高中生学业成绩及思维发展的影响。实验提出两个研究假设：

假设一：高中英语文学阅读能有效提高学生学业成绩。

假设二：高中英语文学阅读会促进学生语言创新思维的发展。

二、实验设计

研究采用实验组、控制组单因素实验模式。以"文学阅读"为自变量，设对照组与实验组。年级实行集体备课制，统一教学内容、统一进度、统一测试。实验组减少讲授比例，增加课内阅读时间；减少练习题量，增加课外阅读时间；减少机械训练，增加阅读思维机会。对照组所用的教学方法称为传统教学法。实验选择高二两个理科班分别作为实验组与对照组[①]，这是根据学生意向，在高一下学期按市质检总分标准重新编成的两个自然班。实验前，用独立样本 t 检验的办法检测两个组的英语成绩的差异（见表7-3）、语言创新思维倾向和能力的差异（见表7-4）。表7-3显示，成绩 $t=-0.077$，$p=0.939$（＞0.05）；表7-4显示，语言创新思维倾向和能力 p 值分别为0.899、0.735（＞0.05）。这说明两组学生在实验前学业成绩、语言创新思维倾向和能力方面的差异没有统计学上的显著意义。

---

① 实验组是上节中提到的厦门外国语学校2014届的13A和14A两个小班，对照组是13B和14B两个小班，15A班因人数较少，不作为研究对象，特此说明。

表7-3 两组基本情况及学业成绩前测 t 检验

组别	人数	平均分	F	t	p
对照组	53	125.33	0.973	-0.077	0.939
实验组	51	125.17			

表7-4 两组语言创新思维倾向及能力前测 t 检验

	倾向前测			能力前测		
组别	平均分	F	p	平均分	F	p
对照组	41.64	0.019	0.899	10.13	0.041	0.735
实验组	41.31			9.98		

本实验采用五种实验材料。

第一，语言创新思维倾向问卷量表。共41题，采用Likert等级量表，要求学生根据实际情况对每个题目进行客观判断，并分别选择"完全符合""部分符合"或"完全不符合"。问卷从逻辑性思维能力、批判性思维能力、创造性思维能力等三方面进行设计。有两题为反向题。84分为满分。得分 ≥ 61 分，表明语言创新思维倾向处于高水平；41 ≤ 得分 < 61，表明语言创新思维倾向处于中等水平；得分 < 41，表明语言创新思维倾向处于低水平。经检测，该问卷总体信度 Cronbach α=0.991；逻辑性思维倾向子量表 α=0.7643，批判性思维倾向子量表 α=0.8095，创造性思维倾向子量表 α=0.775。因素维度间的相关矩阵表明其结构效度较好，进一步采用 AMOS 进行结构方程建模的分析，其拟合指数也达到合格水平。简言之，问卷是一个可信且有效的测量工具。

第二，语言创新思维能力量具。共16题，总分16分。要求学生独立思考完成。量具以谷振诣与刘壮虎（2006）、德博诺（2009）的研究成果为基础，结合英语学科特点，参考思辨能力测试网站，并通过需求分析和专家咨询等综合手段自行编制而成。经检测，该量具信度 Cronbach α= 0.722，也是一个可信且有效的测量工具。

第三，阅读思考题。设置必答题及选答题两大部分。要求每读一篇作品至少回答两个以上必答题，用英语或汉语作答均可。问题如 "Who is the most impressive or your favorite character in the story? What qualities does he/she show in the story? What qualities does he/she lack?

What impact does the book have on your life? Which part is the most puzzling? Why? Show the target paragraph and page."。最后一个问题要求学生指出具体的页码和段落，方便师生进一步探讨，也更能体现学生用例证支持观点的逻辑思维能力。这些思维型问题旨在培养学生批判性思维能力，如评价、推断、总结等能力。为让学生明确回答质量，设置了思考题作业评价标准，从作品理解、论据举证、联想拓展、创意表达四个方面设置一般、良好、优秀三个层级对该作业进行评估。

第四，阅读日志与自评表。阅读日志记录每天阅读时间和阅读字数，并简要记录所思所想所感。内容可参考思考题，也可摘抄佳言妙语，丰富写作素材。鼓励表达阅读感想、情感及阅读动力的变化，可繁可简，但应努力做到言之有物，避免应付空谈。自评表从知识、能力、情感三个维度设计，每个维度 5 个小题，分为满意、基本满意及不满意三个等级，并鼓励学生在自评表上写下阅读反思。

第五，高一下学期期末与高二上学期期末两次市质检成绩。市质检由市教科院组织一批专家、学科带头人命制，在全市实施，具有较好的信效度。

三、实验过程

实验自 2012 年 9 月初开始，历时一个学期[①]。每周腾出近两个课时的时间，专门进行文学阅读或做读后任务展示。这些任务是通过减少课外作业量及授课时间来完成的，并未增加学生课业负担。具体操作如下：

1. 阅读动员

第一周进行动员。阐述文学阅读的意义、阅读材料的选择、阅读的评价，并提供开放式的参考阅读书目等，包括一些名著简写本及原著。要求学生通过不同渠道准备好阅读材料，如去图书馆借阅，或自行购买，等等。

2. 过程监控

填写阅读登记表及自评表并撰写阅读日志。要求科代表晚自习时在

---

① 13和14两个AB班实验为期一个学年，但本书写作是根据这两个班第一学期的实验数据，特此说明。

全班传递阅读登记表，让学生记录阅读时间及数量并公布于班级公告栏，以备教师随时查看。每两周收交一次阅读日志，利用投影进行点评，起示范引导作用。此外，填写三次"英语文学阅读自评表"，及时统计、观察，结合反思，对学生的阅读情感与动力提供个性化的反馈。

3. 朗读

朗读活动贯穿整个学期。要求学生每周任选自己最感兴趣的一个文本片断进行朗读训练。朗读方式多种多样，有领读、诵读、轮读、全班朗读与师生共读等。朗读评价标准设"四个度"，指导学生提高朗读水平，努力实现艺术化的朗读。每周不定期在班级展示，师生共同评价并记录，其结果作为期末口试的一个评判标准之一。

4. 阅读反馈

本实验设计两组任务：书面任务与展示任务（见表7-5）。这个书面任务与阅读日志不同，一学期只要求提供一篇，但字数要求500字以上。展示任务赋予学生自主权，包括自主招募组员，自主商定展示内容、形式及展示时间，填写"文学阅读展示任务安排表"并贴于公告栏处，便于协调管理及监控落实。

表7-5　文学阅读展示任务安排表

书面任务	展示任务
写书评	将A组中的任务成果作为free speech展示
比较小说及由该小说改编的英文电影，并撰写评论	将A组中的任务成果表演成舞台剧
为该书画插画	电影配音
写篇散文/诗歌/随笔抒发感情（中/英文）	将书中的剧情表演出来
将该书改编为剧本	组织一个访谈节目
续写或改写该书的片段（英文）	Cosplay
为该书写前传（原故事发生之前所发生的故事）（英文）	背念、朗诵经典段落
画图表/流程图/线索图概括该书的内容/情节/人物关系等，或画一张地图	表演经典对白
分析该书的某个人物／事件（英文）	拍一段微电影
……	……

5.开展"读"系列颁奖活动（见表7-6）

该活动在期中考试前进行，目的在于鼓励、鞭策，并总结、巩固已有的阅读成果，鼓励下半学期持续阅读，以取得更大的进步。提供这些奖项并不反映阅读成绩，而是以轻松欢快的方式颁发给最能反映该奖特点的学生。如学生 A 到颁奖前读了近10万字，阅读字数第一，因此夺得"读"占鳌头奖；学生 B 不仅语音语调好，而且能在朗读中读出情感、人物性格等，初步具备了艺术化朗读的能力，唯我"读准"奖实至名归。颁奖仪式模仿奥斯卡颁奖典礼，设主持人、颁奖嘉宾，并对获奖者进行采访，要其发表获奖感言及其对文学阅读的认识。

表7-6　文学阅读系列颁奖活动

奖项	项目标准	评选办法	各班名额	奖品
"读"占鳌头奖	读书最多	登记开学至今所读书本及字数	2人	保密
"读"一无二奖	只读一本大部头作品	登记开学至今所读书名及字数	不定	
"读"树一帜奖	阅读日志写得好或有个人见解	检阅开学至今阅读日志情况	不定	
唯我"读准"奖	朗读好	统计历次朗读表现最佳的同学	1人	
"读"具一格奖	小组讨论发言好	投票评选	1~2人	

6.数据收集与统计

语言创新思维倾向及能力量表前后测，分别在学期初、末进行。两份量表均分别在第一周及最后一周晚自习时完成并当场收回。收回后与前测进行对比、整理，并将数据与两次期末考成绩录入 SPSS13.0 软件，以待进一步处理。对学业成绩、语言创新思维倾向、语言创新思维能力等分别进行 t 检验。

四、实验结果

1.文学阅读对学业成绩的影响

高二上学期期末市质检成绩检验结果如表 7-7 所示。从表 7-7 可以看出，实验组与对照组后测平均分分别为121.73、122.03，p=0.867（＞0.05），没有达到统计学上的显著意义。这表明，历时一个学期的文学阅读未能有效提高学生学业成绩。

表7-7　两组学业成绩后测t检验

组别	平均分	F	p
对照组	122.03	0.633	0.867
实验组	121.73		

2. 文学阅读与传统教学对语言创新思维倾向的作用

将实验组与对照组语言创新思维倾向的前后测进行配对样本t检验，可看出实验前后两个班级思维倾向的变化（见表7-8）。对照组前后测平均分分别是41.64和45.15，t=-1.403，p=0.167（＞0.05），没有统计学上的显著意义。实验组前后测平均分分别是41.31和46.27，t=-2.454，p=0.018（＜0.05），后测水平好于前测，且达到统计学上的显著意义。这说明文学阅读优于传统教学，对实验组的语言创新思维倾向有明显效果。

表7-8　语言创新思维倾向的前后测t检验

组别	前测	后测	t	p
对照组	41.64	45.15	-1.403	0.167
实验组	41.31	46.27	-2.454	0.018

3. 文学阅读与传统教学对语言创新思维能力的作用

将实验组与对照组语言创新思维能力的前后测进行配对样本t检验，可看出实验前后两个班级思维能力的变化（见表7-9）。对照组前后测平均分分别是10.13和10.11，t=0.041，p=0.968（＞0.05），不具有统计学上的显著意义。实验组前后测平均分分别是9.98和11.84，t=-5.324，p=0.000（＜0.05），后测水平好于前测，且达到统计学上的显著意义。由此得知，文学阅读优于传统教学，对实验组的语言创新思维能力有明显效果。

表7-9　语言创新思维能力的前后测*t*检验

组别	前测	后测	*t*	*p*
对照组	10.13	10.11	0.041	0.968
实验组	9.98	11.84	-5.342	0.000

4. 文学阅读与传统教学各自对实验组与控制组自身思维的影响

将实验组与对照组的语言创新思维倾向的后测成绩、能力后测成绩进行独立样本 *t* 检验，以观察文学阅读对本班语言创新思维倾向与能力的影响（见表7-10）。结果显示，两组语言创新思维倾向的平均分分别为46.27、45.15，$p=0.592$（> 0.05），没有统计学上的显著意义，说明两个班级语言创新思维倾向没有明显变化。实验组与对照组的语言创新思维能力平均分分别为11.84、10.11，$p=0.000$（< 0.05），实验组水平好于对照组，且具有统计学上的显著意义，说明经过文学阅读，实验组的语言创新思维能力有了显著提高。

表7-10　语言创新思维倾向与能力的后测*t*检验

内容	组别	实验组	对照组	*F*	*p*
后测	倾向	46.27	45.15	0.314	0.592
	能力	11.84	10.11	0.004	0.000

五、分析讨论

结果显示，一个学期的英语文学阅读未能有效提高学生学业成绩，拒绝假设一。这个结果与克拉生（2012）的研究结果一致。之所以拒绝假设一，有两个原因。第一，实验所选取的学生可能处于学习的高原状态，难以快速进步。质检平均分显示，两组学生都是英语水平较高的学习者，具备较好的知识与能力水平，但可能达到了学习的高原状态，此时成绩提高不大且费时。要克服高原阶段，学习者必须坚持阅读，"阅读超过一年就有可能成效明显"（克拉生，2012）[3]。第二，阅读选材呈过难与过易两极分化。实验仅从宏观上建议阅读书目，并未硬性指定阅读内容。访谈发现，学生认知有限，无法客观判断自身的能力水平，所选材料过难或过易，使阅读效果打了折扣。理想的输入必须是可理解的、有趣的、自然的、足量的（Krashen，1985）。有效的文学阅读应当同时满足这四个条件，若语言材料难度超出现有水平（即大于i+1），会影响语言输入的效果。

实验组授课时间比对照组少，而学业成绩差异对比并无统计学上的显著意义。对此，我们有理由相信：英语文学阅读是有效的，这种阅读与传统教育非但不矛盾，还可能是一种可替代的学习方式。实验中，展示活动贯穿于整个学期，这种活动"展示"了学生的自信风采、语言能力、导演能力和合作能力，是卷面成绩反映不出来的。以下是一则学生的日志原文："When I find what I am really interested in, I think I have great progress in English novel reading. I like the novel *The Sign of Four* in Chinese, and I have seen some films about it, so I can have a better understanding and read faster. It is a thriller novel, so the plots are gripping. I feel myself in the novel!"。从中看来，该学生已"乐在其中"并"全身心投入"文学阅读，进入了有效学习的境界，也验证了"阅读是可取的方式，它更能让人愉快，并能带来培养语文能力以外的益处"的论断（克拉生，2012）[149]。

研究显示，文学阅读对实验组的语言创新思维倾向有明显效果。两组后测成绩均有所进步，但实验组成绩差异具有统计学上的显著意义，且后测好于前测，这说明实验组进步速度更快。这一现象可以从三个方面归因：一是培养了学生阅读成就感，阅读意愿随之增强；二是阅读本身是快乐的、轻松的，能给学生带来愉悦感；三是展示活动提供了一个平台，让学生能积极体验学习，学会"整体学习"和"热情求知"。从阅读日志看，学生的思维倾向发生了变化。一位学生写道："I have read almost half of the book. Now I have started to feel its charm. Lao Peng, who is my favorite character in this book, is respectful and kind to everyone."。回看该学生的调查问卷，其语言创新思维倾向部分前后测成绩分别为41、70，远超出61（含61）即为高水平的量具设计初衷。

调查发现，对照组许多学生获悉实验组学生在阅读小说，也自发地开展了阅读活动。后来任课教师介入，进行了引导，布置了一些阅读任务。该因素可能推动对照组语言创新思维倾向朝积极方向发展。虽然进步幅度仍小于实验组，但这表明文学阅读有助于改善思维倾向。

研究显示，文学阅读有助于提高学生语言创新思维能力。这个结果与董绮安等人（2009）实验结果一致。究其原因有三：其一，阅读思考题的设计针对语言创新思维，重在培养逻辑性思维能力、批判性思维能力、创造性思维能力，鼓励从作品视域考虑作品内容，对文本语言进行分析综合、分类概括；从作者视域思考作品的故事和情节，对文本内容进行质疑、评论和解释；从个体视域审视阅读文本，提出个人观点或见解，进行创意表达等。其二，个性化的书面任务与展示活动成为培养学生思辨能力的载体。心理学认为能力与活动载体密不可分，实践活动是能力发展的基础，是具有良好的素质、环境和教育也替代不了的功能。其三，文学阅读中处理潜在的文化问题会发展学生的创造力。文学作品是文化冲突的大舞台。学生在小说阅读体验中总会产生多种重要的意识活动，如对主人公的抉择和行为做出道德判断、全神贯注地追寻小说的隐秘中心等（帕慕克，2012），体验中自然会不断产生认知冲突、思维碰撞，从而促进思维能力的发展。

语言创新思维能力的提高也得益于朗读。朗读是评价思维的一种方式，通过语音、语调及音量既能考查学生对解读和思考文本的能力，又能考查学生的审美水平，如根据不同角色的性格特点进行艺术化朗读。朗读会增强语感，提高语言能力，培养思维能力。

实验研究表明：一个学期的高中英语文学阅读未能有效提高学生学业成绩；高中英语文学阅读能够有效发展学生的语言创新思维倾向和能力。

本章小结

教学中"学"的活动分为接受学习和活动学习，学生在活动中成长；"教"的活动分为基于目标领域的认知类活动、技能类活动和情意类活动，基于目标取向的行为类活动、生成性活动和表现性活动，基于表现方式的外部活动和内部活动，基于组织形式的个体活动、小组活动和群体活动等。文学阅读教学活动具有认知性、参与性、表现性、整体性、建构性等特征，能够发挥认知、驱动和发展等促学功能。

"持续默读"分为"纯粹的 SSR"和"改良的 SSR"两种形式。前者指学生自选读物、自主阅读，无考试、无技巧训练、无人监督，教师不讲解不干预，而是营造阅读氛围，与学生共读；后者指教师引导学生选书、阅读过程适度监督、做少量检测、学生适当做读书笔记或讨论。高中英语文学阅读采用"支架式默读"法，建构"阅读准备、持续默读、读后活动"的教学循环圈。阅读评价活动包括阅读日志、朗读作品、学生作品的评价以及"阅读之星"评选。评价活动旨在发展学生的学习情趣，积极引导和促进学生开展阅读，贯穿于持续默读、读后思考等环节，使阅读文学作品成为日常化、常态化学习活动。

阅读实验活动利用期末测试卷以及语言创新思维倾向及语言创新思维能力量具等，检测文学阅读对高中生学业成绩及思维发展的影响。实验提出两个研究假设：高中英语文学阅读能有效提高学生学业成绩；高中英语文学阅读会促进学生语言创新思维的发展。结果显示，一个学期的英语文学阅读未能有效提高学生学业成绩，拒绝假设一；高中英语文学阅读能够有效发展学生的语言创新思维倾向和能力，假设二可以成立。实验证明，文学阅读是一种可替代传统教育的学习方式。

第八章　英语阅读欣赏课

欣赏既是认知活动，也是审美活动，还是创造性活动。母语文学欣赏通常从言象情志四个方面展开。中学英语文学阅读欣赏，主要理解作品的语音、语言、意义等方面内容。文学阅读欣赏课的"互动循环"教学模式，包括独立阅读、多重对话、个体表达三个环节。独立阅读是个性化自主阅读；多重对话是指读者与文本、作者、同伴及自身之间的对话，获得本义、他义及我义；个性表达是把隐性的思维转化为显性言语，呈现"可见的学习"，让教师评价学生的思维成果，欣赏其学习的闪光点。

第一节　欣赏概念及欣赏课教学模式

一、欣赏的概念

欣赏，即享受美好的事物，领略其中的趣味，亦即怀着喜欢与美好的心情去品味、感受你认为美好的东西。阅读欣赏是在阅读文本中理解语言文字、领会作者意图、赏析语篇意义。文学阅读欣赏，是以文学作品为对象的审美活动，在阅读中发现语言之美、感悟内容之美、创造言语之美。阅读欣赏课，是文学阅读欣赏的课堂形态，也是一种阅读教学课型。课堂是师生活动的场所，在欣赏课上，教师引导学生品读、思索、观赏、领悟、创造的学习过程，能使学生获得健康的人生观和良好的学科素养。

把课型定位为"欣赏"而非"鉴赏"，是由中学英语文学阅读特点所决定的。受词汇量和认知水平的制约，中学英语文学作品大多经过精挑细选或简写改编。为了满足读者的口味和需求，中学生所读内容一般以课外读物为主，以教材选编的文学作品为辅。欣赏性阅读不是为学习词汇和语法而读，也不仅仅是为获取信息而读（read for information），而是为愉悦心情而读即"悦读"（read for pleasure）、为增强语言能力而读（read for language improvement）及为发展思维能力而读（read for thinking ability development）。"鉴赏"是对作品的是非、得失、优劣、褒贬加以判断，学生应以作品为出发点，又超越作品内容的范围，站在更广阔的文化背景上来赏析作品。如果把阅读过程分为"入情—动情—移情—抒情"四个阶段，欣赏侧重于"入情""动情"，鉴赏则注重于"移情""抒情"。由此看来，欣赏和鉴赏是在两个层次上，欣赏是鉴赏的基础，鉴赏是欣赏的升华。欣赏相对容易，适合于中学英语文学阅读教学；鉴赏要求更高，适合于母语文学阅读或大学英语专业文学阅读。

二、"互动循环"教学模式

欣赏是一种特殊的认知活动，一种浸透着情感的审美活动，一种能动的创造性活动。阅读欣赏课强调独立阅读、整体感知、整体理解，倡导细读局部、概括文本、把握内涵，促进解读文本、创意表达、独立评论。基于这一认识，我们建构了文学阅读欣赏课"互动循环"教学模式。该模式包括独立阅读、多重对话、个性表达三要素或三环节（见图8-1）。从阅读主体看，左边大图是"个体—群体—个体"的循环活动，促进循环的动力是"互动"；右边的小图是对"多重对话"的解说，表明对话过程的多重性。

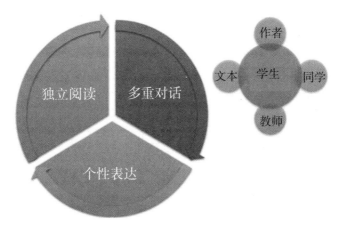

图8-1　文学阅读欣赏课"互动循环"教学模式示意图

1. 独立阅读

独立阅读是文学欣赏的基本功，是走向自由自主阅读的关键一步。培养独立阅读能力需要从三个方面入手：一是提供或创设阅读时空，引导学生"持续默读"；二是搭建阅读支架，如明确阅读任务、传授阅读方法、采用问题导入等；三是细心观察、热心支持、耐心守候，营造静默的阅读环境。

2. 多重对话

欣赏是一种沟通与理解，沟通是以学生为主体，以多维对话为媒介，从个体思维转向群体思维，如学生与文本之间的认知性对话，教师与学生、学生与同伴、学生与作者之间的人际性对话，以及学生与自身的内在性对话。"问题→思维→活动"是认知性、人际性、内在性三维对话活动的互动形态。为了防止"以教师分析代替学生阅读实践"和"用集体讨论代替个人阅读，或远离文本进行过度发挥"的倾向，教师应设计多层次问题，设置有挑战性的学习任务，组织各种合作和探究活动，在多重对话中发挥群体学习优势。

3. 个性表达

表达是评判生成性教学的依据，通常是各小组派代表，阐述各自的看法。这样做有一定意义，但不应该仅有这一种表达方式。个性表达是面对面的交流，是不同观点的碰撞，也是批判性思维的张扬。教师应倡导个性化解读文本，尊重学生的个性化理解，鼓励学生展示不同立场、提出不同看法，从语言细节中寻找论据，反驳对方的观点，真正体现文学欣赏培养阅读素养和语言创新思维的优势。

理解、对话、表达的教学过程也是欣赏者（教师）和被欣赏者（学生）之间的互动过程。欣赏者应怀着愉悦之情、仁爱之心、成人之美的态度，善于发现被欣赏者的闪光点，给予被欣赏者关爱、信赖和激励，使被欣赏者产生自尊之心、自信之力、自成之志。从这个意义上说，欣赏课体现了教育者的善良意志。

第二节 文学作品阅读欣赏课教学案例

一、课外文学作品阅读欣赏课实例——*The Last Leaf*

《普通高中英语课程标准（实验）》（2003）[12]要求高中生"能在教师的帮助下欣赏浅显的英语文学作品"，建议在高中开设"英语文学欣赏入门"选修课。目前，高中英语落实课程的"要求"和"建议"存在一定的困难。一些学校的英语阅读选修课，多采用"知识—语法—解题"的教学模式，与传统的阅读课无异。英语文学欣赏课不应以语言知识为学习目标，而应以"欣赏"为落脚点，采用"独立阅读→多重对话→个性表达"教学模式，通过课外阅读，在课堂上引导学生体会作品的语言美，发现情节的巧妙设计，发掘故事的人文内涵，抒发个人的看法观点。本节以 *The Last Leaf* 教学为例，讨论文学欣赏课的教学设计与实践应用。

1. 作品分析

The Last Leaf 是美国著名短篇小说家欧·亨利（O. Henry）的一篇小说。小说讲述了老画家贝尔曼（Behrman）为了鼓励贫病交加的青年画家琼西（Johnsy）顽强地活下去，在风雨之夜，以生命为代价，在墙上画了一片永不凋零的常春藤叶的故事（亨利，2011）。小说仅2300多个词，语言浅显、主题鲜明、结构明晰、情节有趣，符合高中生英语阅读水平和心理特点。作品在语言描写、人物刻画、作品构思、文本意义等方面有可挖掘和可欣赏之处。以该小说为媒介进行阅读欣赏教学，能够帮助学生在作者创设的语境中观察生活、思考人生，提高人文素养。

2. 学情分析

福建某学校高中英语开设"文学之声"（Voices of Literature）阅读欣赏课程，学生从高一开始就接触英语文学读物，初步了解英语文学基本常识，如作品分类、作品要素、文学研究三种主要方法等，基本懂得作品分析中"冲突""线索""角色""铺垫"等概念。在以往阅读欣赏课教学中，学生阅读积极性较高，能够尝试用文学常识分析作品，阅读中能理解故事情节，但对主题把握不准，不知从哪些角度欣赏作品，体会不到作品的深层意蕴。这些学生进入高二后，已读过欧·亨利几部小说，如 *The Gift of the Magi* 和 *One Thousand Dollars* 等，对作者的创作背景和写作风格也有所了解。课前，学生独立阅读了 *The Last Leaf* 作品，对该小说有整体的了解，在课堂上能够在教师的指导下欣赏所读作品。

3. 教学目标

通过阅读教学，学生能够理解故事情节，理清故事线索，能用英语阐述个人观点和进行小组讨论；能够运用思维导图从人物、冲突和结构等角度赏析作品，对小说主题提出个人见解、做出独立判断；能够学会合作、分享和倾听，联系现实生活，体验文学作品的意义美。

4. 教学过程

根据阅读文本和教学目标，设计基于"互动循环"教学模式的"理解→欣赏→交流"三环节教学流程，在课前默读通读的基础上，检查学生阅读理解情况，组织欣赏作品活动，引导学生分享交流阅读感受。

Step 1：Understanding

Activity 1：Introduce O. Henry in one sentence.

每个人用一句话介绍小说作者，有 8 名同学先后发言，以下 5 句话能够概括作者生平。

A：O. Henry was an American writer of short stories.

B：O. Henry was a pen name and his real name is William Sydney Porter.

C：He was born in 1862 and died in 1910.

D：When he was young, he did not go to school but he tried to teach himself at home.

E：He was sent to prison by mistake, and he learned to write short stories in prison.

把这几句话串起来，大致说明了 O. Henry 的人生背景，起到"知人论世"的作用。

Activity 2：Answer the following questions.

设计 7 个问题，检测学生对小说基本信息及主要内容的理解程度，

为后续欣赏和交流环节做铺垫。答案附在问题之后。（林芸 等，2014）

Q1：What's the setting of the story？（The story happened in November, Greenwich Village.）

Q2：How many characters are there in the story？What's the relationship between them？（There are 4 characters，Johnsy，Sue，Behrman and a doctor；Johnsy and Sue are friends，and Behrman is their neighbor.）

Q3：What struck Greenwich Village？（Pneumonia struck the village.）

Q4：Who was the victim？（Johnsy got sick and lost hope.）

Q5：What did her friends do for her？（They encouraged and took care of her.）

Q6：What was the result of their efforts？（Johnsy recovered but Behrman died.）

Q7：What was Mr. Behrman's masterpiece？（*The Last Leaf* was his masterpiece.）

Step 2：Appreciating

Activity 3：Appreciate the story from 3 aspects-expressions，figure of speech and characters.

本环节从语言、修辞和人物三个维度欣赏小说，根据文本设置一个问题，引发学生进行"深层阅读"，从不同层面体会作品的语言表达、修辞手法和人物刻画，在赏析中培养学生的语言和思维能力。

Q8：What can we learn from Henry's artistic language and expression？

该问题旨在发掘作者在小说中运用的艺术语言、表现手法和人物特点。小组活动中，学生可从三个方面回答问题：

第一，语言简洁幽默。一方面采用简化的表达形式，如"At the top of a squatty，three-story brick Sue and Johnsy had their studio."，这里的"brick"表示 brick house；或把形容词转化为名词，如"He earned a little by serving as a model to those young artists in the colony who could not pay the price of a professional." 中 "a professional" 表示 a professional model。另一方面，用简短句式表达丰富的意思，如 "'Tell me as soon as you have finished,' said Johnsy, closing her eyes, and lying white and still as a fallen statue, ..." 中 "lying white and still" 为伴随结构，寥寥几个词，描述了人躺在床上纹丝不动、脸色苍白的状态；类似的句式很多，如 "Sue stopped whistling, thinking she was asleep." 等。文中不乏幽默的语言，如描写 Behrman 的形象和性格方面，说他蓄一把像米开朗琪罗的摩西雕像那样的大胡子（had a Michelangelo's Moses beard），卷曲的胡子像是头往下长（beard curling down from the head of a satyr along with the body）；他虽然一事无成，却脾气暴躁，瞧不起别人的温情（a fierce little old man, who scoffed terribly at softness in any one），但他对两个年轻画家却很温顺，把自己比作"看门狗"（regarded himself as especial mastiff-in-waiting...）。这些夸张的、反差大的表达，让人读着觉得幽默风趣。

第二，拟人修辞手法。拟人手法是本篇小说语言表达的一大特色。拟人化是赋予事物人的属性，使抽象的事物具有具体化、人性化特点。如开篇第一句话 "In a little district west of Washington Square the streets have run crazy and broken themselves into small strips called 'places'."，作者把 streets 比作到处乱"跑"的人（run crazy），实则指街道布局很不规则；又如 "In November a cold, unseen stranger, whom the doctors called Pneumonia, stalked about the colony, touching one here and there with his icy fingers...Mr. Pneumonia was not what you would call a chivalric old gentleman...But Johnsy he smote, and she lay, scarcely moving..."，作者称"肺炎先生"不是行侠仗义的"老绅士"，而是"不速之客""破坏者"；这个"陌生人"（stranger）有手有脚有动作，是一个残酷的恶魔，它一会儿用"冰冷的手指头"（his icy fingers）"四处触摸"（touching one here and there），一会儿"东奔西窜"在街区横行肆虐（stalked about the colony），并"偷袭"（smote）了 Johnsy。这种表现手法使无生命的东西变得生动起来，使描述的对象更加形象，富有感染力。

第三，人物刻画真实。作者在小说中塑造了鲜活的、富有个性的人物，体现了人性的真善美。Johnsy的心愿是，有一天能够去画那不勒斯的海湾（She wanted to paint the Bay of Naples some day.）。当她被"肺炎"袭击后，卧病在床，认定自己痊愈不了（...has made up her mind that she's not going to get well.），失望地数着常春藤上为数不多的叶子（She was looking out the window and counting-counting backward.），绝望地说，最后一片叶子凋零之际，就是她离开人间之时（When the last one falls I must go, too.），且放弃了调理（don't want any broth）。但是，在Sue和Behrman的帮助下，她的病情开始好转，重新燃起了求生的希望，由产生食欲（You may bring a me a little broth now...）到期待创作（Sudie, some day I hope to paint the Bay of Naples.）。小说把"愿望→绝望→希望"构成Johnsy的人物主线。

作为Johnsy的同伴和朋友，Sue为Johnsy的病情伤心至极（...cried a Japanese napkin to a pulp），但为了安慰Johnsy，却装作若无其事的样子（...swaggered into Johnsy's room with her drawing board, whistling ragtime.）。她一边劝说常春藤叶子与病情无关（What have old ivy leaves to do with your getting well?），一边请医生治病、细心护理Johnsy（with good nursing），一边编造善意的谎言（...the doctor told me this morning that your chances for getting well real soon...he said the chances were ten to one!），使她最终脱离了生命危险（out of danger）。在读者的眼里，Sue是一位有情有义、体贴关爱、处事不惊、义无反顾的女子，有着高尚的人格品质。

老画家Behrman个性鲜明、怀才不遇。作为画家，他是一个失败者（a failure in art），出道40年，只能靠画点商业广告（...painted nothing except ...a daub in the line of commerce or advertising.）或给穷画家做模特以维持生计（...earned a little by serving as a model to those young artists.），但他心中有一个坚定的信念——要画一幅惊世之作，可惜准备了25年，却未能开始创作（He had been always about to paint a masterpiece, but had never yet begun it...an easel that had been waiting there for twenty-five years to receive the first line of the masterpiece.）。

作为普通人，他又是一个成功者：他把自己当作楼上两位姑娘的守护神，得知 Johnsy 病情后，他痛哭流泪（with his red eyes, plainly streaming）；为了挽救失去生命希望的 Johnsy，他挺身而出，顶风冒雨在墙上画了珍贵的最后一片叶子（His shoes and clothing were wet through and icy cold...He painted it there the night that the last leaf fell.），自己却不幸染上肺炎，两天后去世（Mr. Behrman died of pneumonia today....He was ill only two days.）。Behrman 是一位落魄的画家，他更是一位坚强执着、乐于助人、勇于牺牲的硬汉子。

Step 3：Communicating

Activity 4：Comment on some ideas about the story, based on the two questions below.

讨论小说中某些问题并发表对小说的见解，是一种言语交际活动。欣赏活动倾向于"一人说众人听"的形式，交际活动则倾向于语言的双向交互，交际双方倾听、理解和交往，在"说话、听话、接话"的循环中思维碰撞、思想交流，或取得一致意见和共识，或发表有创意的个性化观点，实现对文本的深层阅读、多元解读，从而提高欣赏文学作品的能力。

Q9：What's the implied meaning of the last leaf？

The last leaf 作为小说题目贯穿于全文，引导学生关注它，揭示其内在含义，有助于理解小说的主题、主线和主旨。

A 学生说：小说中 the last leaf 一语双关，既指真实的常春藤叶，也指 Behrman 画的作品。

B 学生说：不仅如此，the last leaf 还有"希望"的喻义，代表 Johnsy 对生命的希望。

C 学生说：我认为，the last leaf 还有象征意义，它不仅象征 Johnsy 的生命，而且象征 Behrman 的精神。

教师点评：三位同学从各自角度分析 the last leaf 的内涵，有一定的道理，这是一种多元思维。关于这个问题，我们还可以从具象和抽象角度理解 the last leaf。从具象看，它表示一片常春藤叶子，由此引出一个生死攸关的动人故事；从抽象看，它喻指老画家画的常春藤及其永不凋落的叶子，意味着生命的延续和精神的永恒。

Q10：What do you think of Behrman's masterpiece？

关键词 masterpiece 不仅是 Behrman 的"专利"，更是人物的线索和小说主旨。设计这个问题，意味着打开了一扇探究的大门，通过查找、分析、解析、想象等一系列活动，引导学生深思作者的意图、深挖人物的品性、深究作品的意义。

关键词 masterpiece 及其句子集中在小说后半部分，要求学生查找并画线，该词先后出现了 5 次：

①He had been always about to paint a masterpiece，but had never yet begun it.

②He drank gin to excess，and still talked of his coming masterpiece.

③In one corner was a blank canvas on an easel that had been waiting there for twenty-five years to receive the first line of the masterpiece.

④Some day I vill baint a masterpiece，and ve shall all go away. Gott！Yes.

⑤Ah，darling，it's Behrman's masterpiece——he painted it there the night that the last leaf fell.

先分析这五句话的"言说者"及其意图。

学生 A 说：前四句话是作者描述 Behrman 心中有着创作"杰作"的信念和愿望；最后一句话是 Sue 说的，起到画龙点睛的作用。

学生 B 说：不赞同 A 同学对前四句话的分析。前三句是作者的描述，但这三句话层层深入：第①句呈现 Behrman 画一幅杰作的信念，第②句用"酒醉出真言"的话，强调 Behrman 对创作信念刻骨铭心，第③句用实物强化表达 Behrman 创作的动机和长期的意念。第④句是 Behrman 一直做自己的发财梦。

学生 C 说：同意 B 同学对前三句的解析，但不同意他对第④句的分析。第④句的意思是"总有一天我要画一幅杰作，我们就可以都搬出去了。一定的！"而前一句说："Gott！Dis is not any blace in which one so goot as Miss Yohnsy shall lie sick."（老天爷，Johnsy 小姐这么好的姑娘真不应该躺在这种地方生病）。这说明，Behrman 有着为"弱势群体"当"守护神"的理想，这是普通人的伟大之处。

学生 D 说：对第④句还要补充一点，这也是小说最后一句话，它跟小说题目前后呼应，起到了点题的作用。

教师点评：几位同学分享了各自的观点，让我们对小说主题和主旨有了更深层的认识。实际上，我们可以把这五句话视为一个整体，从中窥见关键词 masterpiece 形成的一条创作主线，这条线索勾画出故事情节发展的逻辑顺序，展现了作者层层递进的创作思路：Behrman 一生中对创作一幅杰作的追求孜孜不倦，这种追求可能蕴含着利己利人的双重意图。利己，是指改变自己穷困潦倒的境况；利人，是指改善他人日常生活的条件。正是这种朴实的信念，孕育了 Behrman 舍身救人的精神，促成了他"杰作"的产生，成就了小说"意外结局"的艺术特点。

反思：本篇小说一改 O. Henry 应用"丛林法则"描写尔虞我诈、钩心斗角、巧取豪夺的故事创作风格，通过小说语言体现出来的知情意，展现人物言行的真善美。一个文本至少有三个不同的意义层面，或三种不同的"文本实质"（textual truth）。第一种是文本产生时的意义，即作者赋予它的意义；第二种是此前的阅读者们赋予它的意义；第三种是读者此时此地从文本中所读出的意义（沈卫荣，2016）。换言之，解读文学作品一般从文本的过去、现在和将来三个角度着眼，但无论从"作者赋予它的意义"视角，抑或从"此前读者赋予它的意义"视角，都应该高度关注此时的"读者本体"，要联系此时读者的个体经验，体现学生作为读者的主体性。本欣赏课仅从语言、修辞和人物三个方面引导学生解读文本，抓住 the last leaf 和 masterpiece 两个关键词语，组织分析和交流活动，而没有触及文本结构或创作手法等方面内容。这样的设计是考虑到学生的认知水平和接受能力。对于这些问题和活动，学生只要动动脑筋，就能够完成任务、学有所得。文本是学生与作者、同伴和老师交流的媒介或通道，文本欣赏和解读的价值在于交流，一种建立在文本基础上的作者与学生的交流，包括经验、经历和思想情感的沟通融合。

二、教材文学作品阅读欣赏课实例——*Sir Gawain and the Green Knight*

1. 教材分析

北师大版高中英语教材每个必修模块设置 Literature Spot 板块，旨在培养学生的阅读兴趣、拓展知识视野、提高人文素养。该板块篇幅有两页，第 1 页是导读，包括作品背景简介、读后任务等，第 2 页是一篇简写的文学课文，500 多词。本文 *Sir Gawain and the Green Knight*（《高文爵士与绿衣骑士》）取材于必修五模块文学作品选读课（王蔷，2009a），课文改编自英国一部浪漫长诗，作者不详。故事情节极为奇特：在亚瑟王圣诞晚宴上，一位绿衣骑士前来挑战——谁敢当场砍下他的头，一年后让他回敬一斧。高文接受挑战，砍了对方人头，绿衣骑士提着自己被砍的头，骑着马扬长而去。10 个月后，高文践约寻找绿衣骑士，来到一座城堡，男主人与高文约定：他白天出去打猎，高文住在城堡里，晚上两人交换当天各自得到的东西。头两天，高文用女主人给的吻来交换对方的猎物，第三天他却隐瞒了女主人另外给他的一条腰带。后来，当绿衣骑士砍高文人头时，他先是虚晃两斧，第三斧轻伤了高文。因为，高文头两天表现诚实，而第三天私藏了腰带。高文为此羞愧难当，他辞别了绿衣骑士，回到亚瑟王王宫，把发生的事一五一十告诉众人。

这是一个寓言故事，文章不长，但人物、事件和情节基本完整。简写后的课文生词不多、语言流畅、结构清晰，适合高中生阅读。理解寓言故事，不仅要求能够正确领会故事本身的内容，更重要的是能够揭示出故事所隐含的一般道理。本节将基于教材文学课文，探讨一堂阅读欣赏课的教学设计与实践。

2. 学情分析

福建省某地区使用北师大版高中英语教材。执教者是高中英语老师，她所教的高中生已读过必修模块 1~4 中 Literature Spot 板块的 4 篇课文，有一定的文学知识基础；学生们已初步掌握文学欣赏的基本方法，在阅读课上能够主动参与课堂活动，积极探究思考并发表个人观点。由于学生对这部英国长诗可能比较陌生，教师应要求学生课前预习课文"The historical background to the story"部分的内容,或者上网查阅相关资料,初步了解作品的创作背景、社会历史、人物角色、故事情节等。考虑到班上学生的认知水平和接受能力的差异,课堂上需要进行导读,如介绍故事背景、扫除个别词汇障碍等,在此基础上,引导学生整体理解故事情节,梳理作品的人物关系,探究故事的语言表达、人物形象和作品意蕴。

3. 教学目标

根据《普通高中英语课程标准(实验)》(2003)"能阅读一般英文原著,抓住主要情节,了解主要人物"的九级要求,结合欣赏课"互动循环"教学模式的要素,设计课堂教学目标。本课学习后,要求学生:①能够读懂课文,把握"高文宫廷砍头、城堡经历、接受三斧、自我反思"四大故事情节;②能够弄清高文与亚瑟王、绿衣骑士、城堡男女主人等之间的人物关系;③能够欣赏人物的个性化、语言的形象化、故事的教育性,并乐于与伙伴交流信息和发表看法。

4. 教学过程

根据课文内容和教学目标,设计"导读→理解→欣赏→交流"四个环节,教学流程和操作应用如下。

Step 1: Preparing

Activity 1 : Introduction to the background knowledge of the text.

亚瑟王(King Arthur)是古不列颠历史上一位传奇国王,在民间流传着很多亚瑟王的故事,突出表现他贞洁、虔诚、谦虚、勇敢和高贵的骑士形象,形成了独特的"亚瑟王文学"(Arthurian literature)。*Sir Gawain and the Green Knight* 就是亚瑟王文学的一部分,反映了中世纪欧洲人对战斗与荣誉的态度。

Activity 2 : Presentation of some new words.

Sir(先生、爵士),knight(骑士),lord(贵族、男主人),arrogant(自大的、傲慢的)

Step 2: Understanding

Activity 1 : Read and listen to the story, and then order the sentences below. The beginning sentence is f.

a. The Green Knight didn't cut off Sir Gawain's head.

b. Gawain went back to King Arthur's court, but he was unhappy.

c. Sir Gawain and the lord agreed to exchange everything they received.

d. Sir Gawain cut off the Green Knight's head.

e. Ten months later, Gawain went to look for the Green Knight and stayed with the lord of a castle.

f. When King Arthur was celebrating Christmas, a strange knight arrived.

g. The Green Knight picked up his head and got on his horse.

h. The last day she gave him a belt but Gawain said nothing to the lord.

i. The lady of the castle visited Sir Gawain and kissed him.

Keys: f → d → g → e → c → i → h → a → b

这是教材设计的题目，要求学生听读之后按时间顺序排列上述句子，检测学生整体理解课文的程度。

Activity 2: Make clear the relations of the main characters.

采用思维导图（见图 8-2）呈现故事的主要角色，要求学生填写黑体字词语（challenger、punisher、husband、wife、the same person），帮助他们梳理人物角色之间的关系。

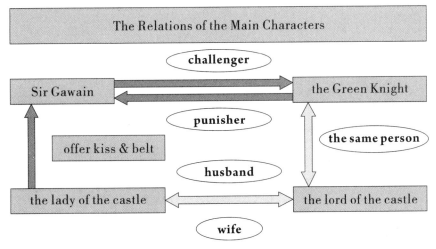

图 8-2 课文主要人物关系思维导图

Step 3：Appreciating

Appreciate the text from the perspective of vivid language, visual characters and strange story.

这个小组活动是引导学生从生动的语言、形象的人物和传奇的故事三个方面分析文本内容，在对话与理解中欣赏作品。

（1）语言的生动性。本课文字浅显，但不乏生动的词语。例如，副词 completely（The knight and his horse were completely green！）凸显骑士的衣着色彩和骏马肤色，为下文的 the Green Knight 做铺垫。形容词 strange 先后出现两次：第一次 the strange green knight 意指这个绿衣骑士穿着打扮及言语行为与众不同；第二句 the strangest thing happened 用最高级，引出绿衣骑士"捡起自己人头"的离奇情节。形容词 magnificent 出现了两次：一是 a magnificent horse 形容马膘肥体壮，给人印象深刻（impressive）；二是 a magnificent castle 表示城堡宏伟壮观，让人心旷神怡。特别是用几个动词描绘了绿衣骑士一系列行为动作，一气呵成，如骑着高头大马进入王宫（rode into the room on...），下了马（got off the horse），事毕后捡起人头（picked up his head），跨上战马扬长而去（got on his horse and left the room），这个画面生动地展现了绿衣骑士勇敢果断、雷厉风行的性格。

（2）人物的形象性。课文着重展现两位个性鲜明的骑士，一个是说话算话的绿衣骑士（the Green Knight），一个是敢于担当的高文爵士（Sir Gawain）。一方面，绿衣骑士为了检验亚瑟王手下骑士的勇敢（test their bravery），不惜用自己的头颅下赌注（must try to cut off my head）；然后，他不暴露自己的身份与高文达成协议（make an agreement），试探高文能否践约诺言。当他举斧砍高文人头时，却手下留情（when suddenly stopped..., but again stopped...cut Sir Gawain's neck a little, but didn't hurt him），这说明绿衣骑士也有通情达理的一面。另一方面，高文敢为人先（stood up and said："I will do it."），毫不犹豫地（with no hesitation）接受挑战。他为了践约主动寻找绿衣骑士（went off to find），与城堡主人达成协议（agreed to give each other anything they received），因私藏腰带（did not give the belt to...）被对方惩罚。但高文敢作敢当、勇于承认错误和改正错误，表现出了人性矛盾和冲突的一面。

（3）故事的传奇性。这个故事源自 14 世纪末的一首浪漫长诗，全诗 2500 余行，作者意在用古老的欧洲文化颂扬中世纪的骑士精神。故事的魅力在于构思的离奇、人物的神奇、情节的出奇。一个人头落地的人，捡起自己的脑袋，骑着马走了，他还会摇身变成城堡的主人，这是神奇；两个人交换"猎物"的契约，以及绿衣骑士"回敬"三斧的情节，这是出奇。这样的故事自然能够引人入胜，它成为英国家喻户晓的一部文学名作。另外，作品刻意反复出现 green 这个颜色，如"The knight and his horse were completely green! The strange green knight…the Green Knight."。之所以凸显"绿色"而不是其他色彩，是因为在西方色彩文化中绿色象征着自然、重生、生机，也象征魔法、恶魔、灾祸。因此，绿衣骑士代表超自然的存在，意味着和平与威胁共存。

Step 4：Communicating

在欣赏作品语言、人物、构思的基础上，交流环节将引导各组学生深入思考作品的主题。拟设计两个探究性问题：第一个问题要求学生联系生活实际，思考"腰带"的特殊功能；第二个问题引用教材的设计，讨论阅读课文的真正意义。

Activity 1：Why did Sir Gawain wear the belt around his neck？

教师启发：课文最后一段有一句话说，高文爵士在他余生中要把腰带佩戴在脖子上（He decided to wear the belt around his neck for the rest of his life.），这是为什么？

学生 A：他佩戴这个 special belt，因为城堡女主人说过"it would save his life"。

学生 B：我不同意这个看法。他佩戴这个腰带，是因为他很内疚，认识到自己不诚实（not been honest），要以此来惩戒自己。

学生 C：B 同学说法不全面，真正的原因是最后一句话"When I became arrogant，I can look at the belt and remember I am not a perfect knight."，说明他要时刻引以为戒，做一个完美的骑士。

教师点评：B 和 C 两位同学的看法有一定道理。关于这个问题，应着重分析最后一段。课文一方面描写 Sir Gawain 为自己不诚实的行为而感到羞愧（he was sad），另一方面表明他有承认错误、改正错误、面向未来、诚实做人的勇气。高文的举措与前面城堡女主人的话"it would save his life"相呼应，也就是说，belt确实能够挽救高文的生命。套在他脖子上的belt相当于生活中常见的"戒指"，有着"警示""告诫"的作用。表面上，戒指是套在手指上做纪念或装饰用的小环，是夫妇、恋人或朋友之间的信物，实质上是告诫戴戒指的人要真心、真情、真爱、真诚。因此，戒环象征着诚信，诚信不仅是立身立命之本，而且能够树立社会的正气。诚信是儒家文化的精髓，今天依然是我们核心价值观要素之一。高文爵士自发佩戴戒环，自觉警戒自我，这种人格品质在任何时代都具有积极意义。

Activity 2：What was the real purpose of this game from the reader's point of view?

教师提示：这里game是"游戏"，讲究规则是游戏的主要特点之一。本文绿衣骑士与高文爵士"约法三章"，就是订立游戏规则。

学生A：从绿衣骑士的话中（I have come to test their bravery with a little game.）可以看出，游戏的目的是验证亚瑟王身边骑士们英勇的品质。

学生B：从第三段第一句话（A brave and honest knight, Sir Gawain, ...）分析，这个游戏不仅检验骑士们的英勇品质，也检验他们诚实的品格。

学生C：从这个游戏本身看，其目的A和B两名同学都说到了。从作品的现实意义看，该游戏的真实目的是告诉人们要诚实守信。

教师点评：三名同学的说法各有依据，值得点赞。若把三名同学的观点综合起来，答案就更为全面。玩游戏是人类之天性。席勒说："只有当人充分是人的时候他才游戏，只有当人游戏的时候他才完全是人。"（郑也夫，2016）赫伊津哈认为："游戏是文化的基础，文化是游戏的产物。"（庞桂美，2002）从作者角度看，该游戏的真正意图是表现欧洲的骑士精神。骑士精神是欧洲一种独特的文化现象，骑士精神是一种信仰。骑士具有谦卑、荣誉、牺牲、英勇、怜悯、诚实、精神、公正等品质，类似于中国讲义气、说一不二、敢作敢为、劫富济贫的"侠士"。高文爵士与绿衣骑士的故事，反映了欧洲中世纪人们对骑士精神的追求。在这部作品中，Green Knight 是"完人""神人"的象征，而 Sir Gawain 是凡人的代表。"英勇""诚实"本是骑士的必备品格，但对于凡人而言，这些看似平凡的东西，真正做到却很不容易。从读者角度看，该游戏及其故事的真正意义在于告诉我们：任何人在生活中都有可能犯错误，关键是要有承认错误、知错就改的勇气。

本章小结

欣赏是一种特殊的认识活动，一种浸透着情感的审美活动，一种能动的创造性活动。阅读欣赏课强调独立阅读、整体感知、整体理解，倡导细读局部、概括文本、把握内涵，促进解读文本、创意表达、独立评论。欣赏课的"互动循环"教学模式包括独立阅读、多重对话、个性表达三要素或三环节。独立阅读是指个体单独从事阅读的活动，是走向自由自主阅读的关键一步。多重对话是读者与文本、作者、同伴以及自身之间的对话，这种"深度对话"具有认知性、人际性和内在性特点。个性表达不仅是个体阐释各自的看法，而且是群体之间的论争，是不同观点的碰撞，也是批判性思维的张扬。欣赏课还是教师对学生的欣赏，教师要善于发现学生的闪光点，给予学生关爱、信赖和激励。

在 *The Last Leaf* 课例中，设计"理解→欣赏→交流"三环节教学流程，通过课外阅读和课内活动，引导学生体会作品的语言美，发现情节的巧妙设计，发掘故事的人文内涵，抒发个人的看法观点，从而理解作者赞美小人物伟大品格和高尚情操，以及展示他们向往人性世界美好愿望的创作意图。在 *Sir Gawain and the Green Knight* 课例中，设计"导读→理解→欣赏→交流"四个环节，帮助学生读懂课文，把握"高文宫廷砍头、城堡经历、接受三斧、自我反思"四大故事情节，弄清高文与亚瑟王、绿衣骑士、城堡男女主人等之间的人物关系，欣赏人物的个性化、语言的形象化、故事的教育性，并乐于与伙伴交流信息和发表看法，揭示作品的现实意义。

第九章 英语阅读活动课

文学阅读活动课不是传授语言知识或训练阅读技能，而是通过活跃课堂、活化知识、活络思维，组织动身、动情、动脑的学习活动，让学生表现自我、展现能力、体验阅读乐趣，产生阅读意愿，从而推动学生课外的自由自主阅读。活动课的 RAISE 教学模式，包含 reading、appreciating、inquiring、sharing、experiencing 五个英文单词，对应朗读、欣赏、探究、分享和体验五个要素，其中 R–A–I–S 是活动的四个步骤，代表体验的 E，则渗透于"朗读、欣赏、探究、分享"各环节中，整个课堂体现了拓展性、体验性、互动性、展示性、目的性等特点。

第一节 活动内涵及活动课教学模式

一、活动的内涵

在文学阅读过程中，需要每周安排一个课时的活动课。活动不仅具有认知、驱动、发展等促学功能，"活"和"动"还有特殊的内涵："活"是活跃、活化、活络，即活跃课堂氛围、活化语言知识、活络认知思维；"动"是动身、动情、动脑，即身体与知识的互动、情感与知识的互动、语言与思维的互动（吴思廉，2013）。根据活动的促学功能和特殊内涵，文学阅读活动课应力求突出拓展性、体验性、互动性、展示性、目的性五个特点。

从课程取向看，活动课并非替代教材内容，或取代常规课堂教学，而是在学习教科书的基础上扩充阅读材料、扩大知识视野、拓展阅读时空。从教学取向看，活动课不是 imparting，而是 enjoying；换言之，活动课不是传授语言知识或训练阅读技能，而是让学生表现自我、展现能力、体验阅读乐趣，从而产生阅读意愿。从教学过程看，活动课注重组织"读·思·言"表现性活动，强调指导学生品味、欣赏和分享所读作品，在多元互动中达成教学目标。从学习方式看，活动课拒绝标准化试题或客观题训练，而是探究开放性阅读思考题，参与各种展示性、探究性与分享性活动，在"学习集体"中培养语言和思维能力。从课程目的看，活动课犹如"空中加油站"，给学生不间断地注入活力。课内检查、评价、反馈等促学活动和表达、展示、分享等学习活动，能够使外在的动力转化为内在的动力，从而推动学生课外的自由自主阅读。

二、RAISE教学模式

根据活动课定位，我们建构了文学阅读活动 RAISE 教学模式（如图 9-1）。RAISE 是 reading、appreciating、inquiring、sharing、experiencing 五个单词首字母的缩略词，对应阅读、欣赏、探究、分享和体验五个要素。取 RAISE 作为该模式关键词有两层含义：一是 RAISE 包含"养育""唤起""激发""提高"等义项，且习惯与"意识"（consciousness）、"问题"（questions）、"精神"（spirit）等词语搭配，符合活动"激趣、诱思、促读"的宗旨；二是 RAISE 所代表的五个要素，R–A–I–S 是活动的四个步骤，E 所对应的"体验"不作为一个独立步骤，但它渗透于"阅读、欣赏、探究、分享"各环节之中，且不可或缺，因为缺少体验学习的活动就会失去其内在意义。这种情感体验是隐性的，它并不独立表现出来，但作为活动的结果又无所不在，且贯通于其他四个层面之中。以下是对 RAISE 教学模式结构内涵的阐释。

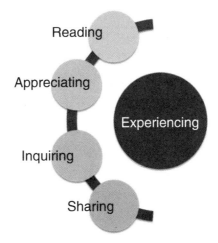

图 9-1 文学阅读 RAISE 教学模式示意图

Reading 包括默读（silent reading）和朗读（reading aloud）。默读是阅读活动的主体方式，以自主阅读为主，要求学生每天主动阅读 20~30 分钟，完成 800~1000 词的阅读量，理解作品大意，了解故事情节，思考人物事件。朗读是口语化阅读，可以让学生积极主动地亲近文本，声情并茂地感受语言。学生应每天花一点时间朗读几段或 1~2 页内容，大胆大声地读出来。

Appreciating 指欣赏文学作品的结构美、语言美和韵律美。默读或朗读之后让学生指出作品中他认为最美的段落，并说出选读的理由。教师应从文章结构、语义脉络、词语节奏、句群旋律等方面入手，引导学生从不同角度认识人物与事件之间的构思美，从不同层次分析句群与段落的结构美，从不同语境解读文本与词语的内涵美，慢慢培养学生咀嚼和品味文本的能力，在体味作品中提高他们"味觉"和"嗅觉"的敏感性。

Inquiring 指探究文学阅读思考题。譬如，回答开放性最小问题集（如 Which is your favorite character in the story？Why？）时，要求学生从文本中找出支持个人观点的"证据"；解答批判性思维未知问题集（如 Suppose the story occurs at the present, what would you think is the most possible ending？）时，需要学生联系生活实际，从不同角度思考问题。探究时亦可由学生提出一些疑难问题，让同伴或老师帮助解答，教师应组织集思广益的活动，或给予启发或点拨，必要时给予解疑释疑。

Sharing 是个体与群体分享文学自由阅读的收获、成功和乐趣。根据 "Happiness is double when shared." 的原理，请个别学生谈谈自由阅读的感受，或交流自由阅读心得体会，或汇报从作品人物情节中获得的启发；或点评一些"优秀作品"，把内容较多、见解独到、书写整齐的书面作业张贴出来或投影显示，旨在通过个例示范，以点带面，让学生成为阅读经验的分享者和贡献者。

第二节　文学作品阅读活动课教学案例

一、课外文学作品阅读活动课实例——*After Twenty Years*

本节以一节高中英语文学阅读活动课为例，课外阅读和课堂教学材料选用小说 *After Twenty Years*（《二十年后》）。这部作品出自 O. Henry（欧·亨利）短篇小说集 *The Four Million*（《四百万》），首版时间为1906 年，篇幅较短，全文约 1450 词。

1. 作品分析

小说以纽约平民百姓生活为背景，讲述 Jimmy 和 Bob——两个青年、一对挚友的故事。当 Bob 要去西部创业时，他们相约 20 年后在同一时间、同一地点再次见面；20 年后，Bob 不远万里从西部来赴约，但等待他们的不是重逢的喜悦；在昏暗的灯光下，Jimmy 发现 Bob 是芝加哥警察局通缉的要犯，他虽作为警察，但不便当面拘捕，于是他不露声色地走开，叫一个便衣警察把 Bob 逮捕归案。小说不凡的开头、出奇的结尾、简练的语言、情景的铺垫、人性的冲突，构成了这部作品的美学蕴涵，给读者带来阅读审美的享受。

2. 学情分析

本课的执教者是福建某地区高中英语老师，教学对象是高二下学期学生。该地区采用人教版高中英语教材，必修模块教材中文学作品的课文不多，有 *The Million Pound Note*（《百万英镑》）等。执教者所在班级学生从高一开始就把《春天系列》丛书、"书虫·牛津英汉双语读物"等英文版分级简易读物作为课外阅读材料，学生还读过《金银岛》《简·爱》等作品，他们对英美文学作品有粗浅的阅读经验，且有持续阅读的意愿。从高二起，教师引导学生阅读一些篇幅较短的英文原著。为了避免高中生读原著生词较多的问题，阅读采用 O. Henry 的短篇小说的汉语注释版读本（彭萍，2011）[51-55]。本节活动课前一周，要求学生自主朗读和默读 *After Twenty Years*，并认真思考教师提出的问题，做到有备而来。

3. 教学目标

经过本节阅读活动课，学生能够达成以下表现性目标：（1）能够理解和感受作品，进行情感意义朗读，说出所读选段的理由；（2）能够自主探究阅读思考题，并以求真求证的方式进行解疑释疑；（3）能够与他人分享阅读的心得体会，谈论作品的构思、语言、人物等。

4. 教学过程

根据阅读活动课的定位和目标，采用 RAISE 教学模式，设计"朗读→欣赏→探究→分享"四个步骤的课堂操作流程。

Step 1：Reading aloud

活动课的 Reading aloud 环节是进行情感意义朗读，目的是促进学生课前自主朗读，检查他们理解和感受作品的能力。几位学生先后朗读自己感兴趣的段落，全班同学翻开读本、边看边听。例如：

学生 A：The policeman on the beat moved up the avenue impressively. The impressiveness was habitual and not for show, for spectators were few. The time was barely 10 o'clock at night, but chilly gusts of wind with a taste of rain in them had well nigh depeopled the streets.

Trying doors as he went, twirling his club with many intricate and artful movements, turning now and then to cast his watchful eye adown the pacific thoroughfare, the officer, with his stalwart form and slight swagger, made a fine picture of a guardian of the peace. The vicinity was one that kept early hours. Now and then you might see the lights of a cigar store or of an all-night lunch counter; but the majority of the doors belonged to business places that had long since been closed.

学生 B："Twenty years ago to-night," said the man, "I dined here at 'Big Joe' Brady's with Jimmy Wells, my best chum, and the finest chap in the world. He and I were raised here in New York, just like two brothers, together. I was eighteen and Jimmy was twenty. The next morning I was to start for the West to make my fortune. You couldn't have dragged Jimmy out of New York; he thought it was the only place on earth. Well, we agreed that night that we would meet here again exactly twenty years from that date and time, no matter what our conditions might be or from what distance we might have to come. We figured that in twenty years each of us ought to have our destiny worked out and our fortunes made, whatever they were going to be."

学生 C: The man in the doorway struck a match and lit his cigar. The light showed a pale, square-jawed face with keen eyes, and a little white scar near his right eyebrow. His scarfpin was a large diamond, oddly set.

...

The waiting man pulled out a handsome watch, the lids of it set with small diamonds.

学 生 D: The man from the West unfolded the little piece of paper handed him. His hand was steady when he began to read, but it trembled a little by the time he had finished. The note was rather short.

"Bob: I was at the appointed place on time. When you struck the match to light your cigar I saw it was the face of the man wanted in Chicago. Somehow I couldn't do it myself, so I went around and got a plain clothes man to do the job. JIMMY."

Step 2: Appreciating

朗读者在读后阐述选择所读段落的理由，讲出内心的感受。因此 Reading aloud 和 Appreciating 并非各自独立的两个环节，而是交错推进、逐步展开。

学生 A（选读小说的前两段）：这两段具有设置情景、制造悬念的作用。一方面向读者交代警察（Jimmy）的工作情形，让他以"巡逻"方式应约 Bob 而不被对方察觉；另一方面，特写晚间 10 点纽约街区的情景，如商店打烊、行人稀少，为后面两个人的会面做铺垫。

学生 B（选读第七个自然段）：这段话点明了 *After Twenty Years* 的主题，作者借 the man 的话讲述故事的来龙去脉，如 Bob 和 Jimmy 之间兄弟般关系，两个人的年龄，二十年前约定的地点和内容，以及 Bob 闯西部的动机，同时描述 Bob 对二十年后会面的心理期待。

学生 C（选读第六、第十两个自然段）：这两段很简短，但传递了两个重要信息：一是 Bob 发了大财，领带和表盖上都镶嵌着钻石，一派"土豪"的装扮，实现了他 make fortune 的人生目标；二是 Jimmy 借着划火柴的一束光，认出 Bob 原来就是芝加哥警方通缉的要犯，为他后面的应对态度设计伏笔。

学生 D（选读最后两段）：当 Bob 发现"假"Jimmy 后，对方亮出了"底牌"，并递给他 Jimmy 写的字条；Bob 读字条的过程中，他的手从稳定（his hand was steady）到颤抖（it trembled），真实反映了 Bob 内心细微的变化；小说出人意料的结局给读者留下无限的想象空间。

教师点评：四位同学朗读了自己感兴趣的段落，并能从文本出发，阐述了各自选读的理由。这些理由有助于我们理解作品主题、人物形象和创作特色，为后续的活动搭建认知支架。

Step 3：Inquiring

探究环节围绕一个阅读思考题展开活动，学生针对问题深入思考、发表个人观点，进行讨论与交流，旨在培养学生独立思考、多元思考的批判性思维能力。

Q：What do you think of Bob and Jimmy？

教师启发：这个问题具有探究性和开放性的特点，应该从不同角度、不同层面来分析与比较两个人物；不论提出什么观点，只要能从文本中找出"事实"或"证据"，就能自圆其说。

学生 A：在作者笔下，Jimmy 是正面形象，如他身材魁梧，昂首阔步，气度不凡（...with his stalwart form and slight swagger，made a fine picture of a guardian of the peace.），巡逻时履行职责（Trying doors as he went，...to cast his watchful eye adown the pacific thoroughfare.）；Bob 则是反面形象，如斜倚在五金店门廊上（In the doorway of a darkened hardware store a man leaned），嘴里叼着一支没点着的雪茄（with an unlighted cigar in his mouth），看见警察快速主动搭讪（As the policeman walked up to him the man spoke up quickly.）。

学生 B：小说描写了两个个性完全不同的人物：Jimmy 是个好人，就知道埋头苦干，他恪守本分，安于现状（You couldn't have dragged

Jimmy out of New York; he thought it was the only place on earth.）；而Bob 性格外向，渴望发财（start for the West to make my fortune），长期在西部东奔西跑（kept hustling around over it pretty lively）。

学生 C：A、B 两位同学从人物形象和性格分析，有一定道理。如果从朋友情谊角度分析，我们会发现人物的另一面。Bob 看重友情，他忠于朋友、相信朋友（If Jimmy is alive on earth he'll be here by that time.），为了赴约，不远千里，来到约定的地点（I came a thousand miles to stand in this door to-night, ...to fill an appointment），并乐在其中（it's worth it if my old partner turns up）；Jimmy 虽如期应约，却不敢直面相认（It sounds pretty interesting, ...Rather a long time between meets, though, it seems to me.），反而悄然离去（I'll be on my way. Hope your friend comes around all right.）。

学生 D：是的，在友情上 Jimmy 不如 Bob。但是，如果从法理上分析，Jimmy 的言行似乎又符合社会逻辑。作为警察，他工作投入（...moved up the avenue impressively. The impressiveness was habitual and not for show）、不徇私情、秉公执法（Somehow I couldn't do it myself, so I went around and got a plain clothes man to do the job），他对待 Bob 的方式其实是无可厚非的。相反，二十年间，Bob 由好人变成了坏人（changes a good man into a bad one），沦为通缉要犯（the man wanted in Chicago），四处逃窜，最终落入法网，他的结局也是理所当然的。

教师点评：四位同学从人物形象、个性、友情和法理角度分析了 Bob 和 Jimmy 两个角色，并用文本中的"证据"论证各自的观点，这就是批判性思维的"求证"技能。如果把上述四个方面综合起来，就能够比较深入全面地把握人物的典型特征。从某种程度上说，两个主人公体现了复杂的人性，Bob 存在身与心的矛盾，Jimmy 充满情与法的冲突，作者表达了向真、向善、向美的意蕴，使作品产生了发人深思、出人意料的戏剧化效果。

Step 4：Sharing

教师引导：这是个人谈论阅读的方法、经验、心得、体会的环节，希望同学们畅所欲言，与大家分享自己的阅读经验，在交流中相互学习、共同进步。

学生 A：我发现作者在词语运用中用了很多构词的手法，例如：派生词（impressiveness、darkened、adown、astir、guardian、reassuringly 等）；复合词（thoroughfare、doorway、hardware、scarfpin 等）；转类词（the policeman suddenly *slowed* his walk；We *figured* that...；It *sounds* pretty interesting 等），阅读中只要抓住构词成分或词的本义，就能够理解和猜测生词的意思。

教师点评：阅读时用构词法理解和猜测词义，是一种很好的方法，可以尝试。作者的确很善用构词法表达，如 depeopled 这个词很有意思，乍看不知所云，细看发现其结构是 de+people+ed，其中 people 是词根（base），de- 是前缀，-ed 是词尾，拆解后其词义"减少人口"就很明显了。

学生 B：我发现一个有趣的现象，每个人物出场前，作者都会渲染一种特殊的氛围。例如，描写夜晚的街景——寒风冷雨（chilly gusts of wind with a taste of rain）、街道冷清（the pacific thoroughfare）、商店关门（the majority of the doors belonged to business places that had long since been closed）、灯光昏暗（a darkened hardware store），随之 Bob 登场亮相；在 the tall man（Jimmy 替身）出现前，细雨冰冷、寒风阵阵（a fine, cold drizzle falling, and the wind had risen from... into a steady blow），行人竖起高领子，双手插进衣袋（foot passengers...with coat collars turned high and pocketed hands），阴沉着脸默默赶路（hurried dismally and silently along）。

教师点评：B 同学读得很细，善于观察作者的写作手法。在文学创作中，这种表现手法称为"伏笔"。在上述例子中，这种写法至少有三种作用：一是通过景物的铺垫，为两人二十年后的约定增加了不确定性因素；二是通过情境制造悬念——夜色昏暗、衣着严实，让两位老朋友不容易辨识对方；三是以景托情，通过寒冷的风雨和暗淡的街道，暗示人情的冷酷和人性的阴暗。

学生 C：我看了 10 多册英语简易读本，读了几篇 O. Henry 的短篇小说，慢慢对文学阅读产生了兴趣，有想读的意愿。由于时间很紧，只能利用睡前或周末的时间进行阅读。对于篇幅较长的章节小说，我每次会完整地看 1~2 章；对于篇幅不长的短篇小说，我一般读 2 遍，第一遍通读，理解主题和人物，第二遍细读，关注故事情节和语言表达，同时也会朗读一些精彩的段落，遇到生词会先猜测词义或看中文注释，只要能弄懂大意，一般不查字典。

　　教师点评：C 同学通过文学阅读，英语学习有了很大的进步，他的学习方法很有参考和借鉴的意义。阅读主要发生在课外，这种活动贵在坚持，平时应自主自发地拿起书读，每天读几百个词，慢慢积累，就会扩大阅读量。文学阅读跟精读不同，切忌一边读一边找好词好句，要把注意力放在故事情节和人物形象上，用自己的眼光发现故事和人物的线索，把词语与人物情节相结合，从重形式转向重内容，在语境中学习词语，就能够自然习得词汇。

二、教材文学作品阅读活动课实例——*The Pearl*

　　本节以北师大版高中英语教材必修模块四 Literature Spot 板块的课文（王蔷，2009b）为例，讨论基于教材的阅读活动课教学。课文 *The Pearl* 是根据 John Steinbeck（约翰·斯坦贝克）同名中篇小说缩写而成的，全文分 10 个自然段，共 779 词。

　　1. 教材分析

　　小说发表于 1947 年，取材于墨西哥民间寓言故事。作品人物错综复杂，情节跌宕起伏，结局扣人心弦。小说描述了一段扑朔迷离的故事：渔民 Kino 居住在墨西哥北部的小镇，有一天他儿子被蝎子蜇了，生命危在旦夕，因家境贫寒被医生拒之门外。后来，他在海里捞到一颗价值连城的大珍珠，夫妇俩欣喜万分，自以为从此会过上好日子。消息传开，Kino 陷入一场生死危机——珍珠商们联手杀价、有人欲偷窃珍珠，以及遭遇伏击、小船被毁、住所被烧、逃亡途中被追杀、儿子中弹身亡。经历了一连串灾难之后，Kino 和妻子 Juana 最终把大珍珠扔回了大海。作品通过意外获宝、遭遇祸害、家破人亡、放弃幻想等情节构成因果关系主线，表现了作者对人性的独特理解。

　　2. 学情分析

　　本课的执教者是福州某中学高一英语教师。福州地区采用人教版高中英语教材，她所教的学生从高一上学期起接触英语文学读物，读过《典范英语》第七级部分读本，如 *Amy the Hedgehog Girl*（《刺猬女孩艾蜜》）、*Coming Clean*（《坦白》）、*Bertha's Secret Battle*（《博莎的秘密招数》）等，高一下学期开始阅读北师大版 Literature Spot 板块的文学题材或其他内容，每周读 1~2 篇课文，每隔一周安排一堂文学阅读活动课。学生对文学简易读物较有兴趣，能够在课外独立完成阅读与思考任务，有的学生还会进行自主拓展阅读，在活动课上表现积极主动，课后能够自觉完成布置的读思作业。本活动课前一周，要求学生细读课文 *The Pearl* 及其背景性知识，完成教材编者设计的 7 个阅读思考题，了解作品的人物、事件和情节。

3. 教学目标

通过本节文学阅读活动课，学生能够达成以下教学目标：（1）能够以朗读的方式表达对课文的理解和感受；（2）能够从不同角度用不同词语梳理课文的主线；（3）能够抓住课文主线，解读作品主题的深刻内涵。

4. 教学过程

课前学生已了解作者生平及其主要作品，自主阅读全篇课文，完成了教材编者设计的 7 个阅读思考题，活动课上采用 RIASE 教学模式，设计"朗读→欣赏→探究→分享"四个步骤，通过检查、评价、反馈等手段促进学生围绕课文进行展现、探究、分享，获得身心的体验。

Step 1：Reading aloud

在琅琅的读书声中开启一堂新课，师生共同创设"活"与"动"的课堂情境。要求学生自选某些段落朗读，并说明选读的理由。

学生 A：That day, Kino went diving for pearls. When he was diving he saw a very large oyster. He swam down and down and picked up the oyster. Then he came to the surface. He took his knife and opened the shell of the oyster. Inside, there was an enormous and beautiful pearl — the greatest pearl in the world!

Kino and his wife Juana were very happy. Now they would have enough money to educate their son and maybe buy new clothes and even a rifle...

学生 B：Kino was very angry. He decided to go to the capital city because he knew that the pearl was very valuable. But that night someone attacked him outside his house. Juana said that the pearl was evil and that it was going to destroy them. She tried to throw the pearl into the sea, but Kino stopped her. Soon afterwards, he was attacked in the darkness by a group of men. He defended himself with his knife and killed one of the men.

学生 C: Kino and Juana knew that they had to get away from the town but someone had made a hole in the bottom of their canoe, so they couldn't go by sea. When they went back to their house they found it in flames. That day, they hid in Kino's brother's house. When night came, Juana and Kino started to walk towards the mountains. They carried the baby with them. Kino was still determined to sell the pearl and kept making plans about the future. During the day, they found a place to hide. They were resting when they saw that three hunters were following them. They hid and stayed very quiet until the hunters had gone past. Then they ran to the mountains.

学生 D:(Slowly) ...Kino took out the pearl. It was grey and ugly, and in the pearl he could see evil faces. He offered the pearl to Juana but she said softly, "No, you."

Kino took the pearl and threw it into the water. It dropped to the bottom and settled near some plants. A crab climbed over it and it was covered with sand. The pearl had disappeared.

Step 2: Appreciating

学生读后阐述选择所读段落的理由。

学生 A:这些话描述 Kino 捕获珍珠的过程、珍珠的品质以及 Kino 夫妇获宝后的心情,是故事的起因。在四个句子中,用了 7 个动词(如 dive、see、swim、pick up、come、take、open),简洁地把整个捕获过程呈现出来;用了 3 个形容词(enormous、beautiful、greatest)刻画珍珠的品质和价值,其中 enormous 是指珍珠形体硕大,greatest 是指其价值巨大。获宝后,他们憧憬着美好的未来:送儿子上学,添置新衣裳,买一把防身自卫的枪。

学生 B:这一段描写 Kino 夫妇俩的心理矛盾,具有承上启下的作用。Kino 获得珍珠后遭遇一连串麻烦:医生的恐吓、小偷的骚扰、商人的刁难,他非常生气。妻子预感这颗珍珠是灾星,会祸害全家,想把它扔回大海,却被 Kino 制止了。尽管他们接二连三地遭受他人的攻击(attacked),Kino 仍舍不得放弃珍珠,因为他发财致富的幻想还是占了上风。可是,等待他们的是更糟糕的命运。

学生 C:这一段话具有递进的作用,它是为了一步一步向高潮发展做情景铺垫。Kino 夫妇动身去首都,想走水路,发现船被破坏,走不成,返回后发现茅屋被烧毁,无家可归。他们想走山路,发现有人跟踪,只能躲避。在走投无路的情况下,Kino 仍然决意(was still determined)卖掉珍珠,盘算着未来过上好日子。现实与期望之间的剧烈冲突,预示着 Kino 梦想即将破灭。

学生 D:课文最后几句话内涵丰富,从中看出语言表达的两种意图:一是点题作用,Kino 从珍珠上看到丑恶的"嘴脸"(evil faces),表明在珍珠上映射出人间丑态和世态炎凉。二是前后呼应作用,珍珠的消失(disappeared)与前面珍珠的出现(appear),这是一次呼应;Kino 想叫妻子扔掉珍珠,被对方拒绝了,妻子"No,you."的言外之意是"当初我要扔掉它,你不让我扔,这回你自己扔吧",这是又一次呼应。

Step 3:Inquiring

教师根据课文内容设计一些针对性问题,将学生们分组后派代表回答。

Q:Can you catch the main line of the text from different angles? How?

教师提示:小说围绕珍珠的"命运"揭示人生中得与失、悲与喜、生与死的主题。阅读中要学会捕捉故事发展的线索或主线,一旦抓住了主线,就能够更好地把握作品的主旨大意。接下来,分小组讨论上述问题,各组按照事件发生的逻辑顺序,提取一些关键词语,勾勒一条主线,然后各组派代表发言。

A 组代表:我们小组根据故事发展的顺序,提取五个关键词语 got a pearl → got into troubles → got away from the town → got lots of attacks → gave up the pearl。故事由 Kino 夫妇意外捕获大珍珠开始,由此招致了一连串麻烦(医生恐吓、小偷骚扰、商人刁难);他们想离开小镇,去都城卖掉珍珠,却屡遭不明身份的人攻击,儿子也因此中弹身亡;经历种种劫难后,Kino 夫妇最终决定放弃珍珠。

B 组代表:我们小组用几个形容词串成一条主线,即 happy → angry →

worried → determined → disappointed。从 Kino 夫妇的心理变化来把握故事的主题。Kino 夫妇意外获得大珍珠时欣喜万分，当他们遭遇医生、小偷、商人的暗算后，Kino 非常生气，Juana 感到担忧，她想扔掉珍珠，以防"引火烧身"，但 Kino 执意不肯，仍然决意卖掉珍珠，期待过上幸福生活，最终因全家被追杀、儿子中弹死去，才彻底失望，决定扔掉珍珠。

C 组代表：我们小组用 beautiful → valuable → grey → ugly → evil 这几个形容 pearl 的词语构成一条主线，大珍珠本身的品质原本是不变的，但是在 Kino 夫妇的眼里、特定的社会环境中，它却发生了巨大的变化。刚刚捕获珍珠时，它是非常漂亮且美极了；随着许多麻烦事的出现，它却变成了暗淡的灰色（grey），丑陋（ugly）无比；在他们无家可归、家破人亡之际，珍珠变成了罪恶（evil）的化身，最终回归大海。

教师点评：A 组从故事情节的时间顺序梳理主线，用几个动词来概括课文大意，很有特色。B 组从人物的心理变化提取故事主线，从情感主线把握主旨大意，很有创意。C 组从语义角度来捕捉课文线索，通过语义脉络体现课文主题，很有创见。

除此之外，我们还可以把 PEARL 视为缩写词，呈现作品的意义主线。PEARL 五个字母分别表示 poor、evil、attack、rich、lost。这五个词的结构关系如图 9-2 所示：

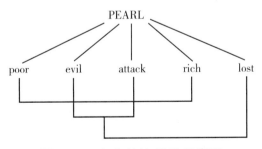

图 9-2　文本结构关系示意图

小说 *The Pearl* 揭示了人生追求钱财的过程，把人性的丑态揭露出来给人看。这个词的 5 个字母顺序不够自然，但通过结构图可以清晰呈现故事情节之间的逻辑关系：poor 和 rich 是第一层关系，表明主人公由穷变富的心态以及旁人的心态；evil 和 attack 是第二层关系，显示了故事发展过程，很多人用种种攻击性的手段和丑恶的行径以谋取珍珠；evil、 attack 和 lost 之间构成了第三层关系，这是因果关系，众人冲着财富而动用各种卑鄙手段，结果没能得到财富，主人公为了保存性命，最终选择了放弃，不得已而为之。失去了 pearl，故事也就结束了，但它告诉我们一些深刻的道理。这里，pearl 有两层意思："失去""迷失"，小说不仅描写 Kino"失去"了珍珠，而且透露了他对生活对社会的"迷失""迷茫"。这正是人生的悲剧之所在。

在世人看来，"珍珠"是贵重的（valuable）、美好的（great）象征。我们应当追求精神上的"珍珠"，而不是奢求物质上的"珍珠"。这也许才是作者的真正意图。

Step 4：Sharing

分享环节教师组织学生进行自评和交流活动，自评目的有二：一是了解学生对阅读的认识，观察他们的阅读习惯；二是通过自评表中的提示语和现场交流，含蓄地引导学生开展文学阅读。操作流程：（1）分发课堂阅读自评表（见表9–1），人手一份；（2）说明评价方法，自评表中第1~3题为单选、第4~5题为多选、第6题自选一本书目；（3）花2~3分钟填写自评表；（4）请一些学生在课堂上分享自评结果。以下呈现部分学生的交流发言。

表9–1　课堂阅读自评表

Self-assessment

1. Before the lesson，I read the story and finished off some questions in the text. □ Yes　□ No

2. My favorite part in this text is _____.　□ background　□ characters　□ plots　□ theme

3. After class，I can spend _____ in reading literature.
□ 20 minutes　□ 30 minutes　□ no time

4. In literature reading，I would like to _____.

□ search the background of the novel　　　□ understand the plot

□ analyze the relationship of the characters　□ explore the theme

□ guess word meanings from the context　　□ share my opinion with partners

5. To do more literature reading，I need to _____.

□ be hard-working　□ be persistent　□ be patient　□ stick to my goals

6. In coming weeks，I'm going to read a book called _____.

　　学生 A：课前细读了课文，也完成了教材编者设计的 7 个问题，这些问题大多数是理解性问题，从书中可以找到答案。我比较喜欢本课故事的情节，很复杂、很惊险，因一颗珍珠酿成一场大祸。在阅读中，我会先看与故事有关的背景性知识，再看内容简介，然后开始阅读作品。我不太适应角色太多的小说，因为人物关系太复杂，造成理解上的困难。我知道阅读有好处，需要逼着自己用功读，但有时不太容易坚持。课后有准备读一本英文简易小说，但一时想不出书名。

　　学生 B：活动课前读了两遍课文，发现有好多生词，但我会根据上下文判断词义，如在 "Inside, there was an enormous and beautiful pearl——the greatest pearl in the world！" 句中，enormous 这个生词与 beautiful 并列，说明它是形容词，破折号后面内容一般是解说前面内容，从 greatest 一词可以判断 enormous 可能是 "大、巨大" 的意思。有时，我会根据词语的构成成分判断词义：dealer 是派生词，由动词 deal 加词尾 -er，我们学过名词 deal（"许多"），如 a great deal of，也学过其动词（"处理""经营"），如 deal with，所以 dealer 意为 "经销商"；waterfall 是合成词（water + fall），fall 意为 "落下"，很多水落（流）下来，形成 "瀑布"。

　　学生 C：一周前，老师布置我们阅读课文 *The Pearl*，我自己看了材料上的 Background，读了全篇课文，能够整体理解作品大意。我发现缩写的课文只保留了主要事件和情节，可能还有很多细节和有趣的东西被省略了。带着好奇的心理，我从图书馆借阅了原著。这部中篇小说 32 开本，篇幅 91 页，不算太长，我才看了几页，准备暑假期间慢慢把它读完。如果看不懂，我会找来中文版小说，对照阅读。我相信，只要目标明确，坚持读下去，就会慢慢扩大词汇量，提高阅读能力。

　　学生 D：上周老师要求我们学习课文 *The Pearl* 及其背景性知识，回答材料上的几个问题，了解作品的人物、事件和情节，我尽力完成了各项任务。在平时阅读中，我会思考故事内涵、人物关系、情景设置，会从所读文本中找出一些词语概括故事的主要内容。这种 "拉主线""提纲挈领" 的方法不仅有助于理解作品，也会提高写作能力。接下来，我准备阅读老师推荐的 "黑布林英语阅读" 丛书，这套丛书将经典小说和当代作品相结合，高一学年段有 10 册，配有中英文词语注释和一些配套练

习。我打算先读其中的一册——《呼啸山庄》（*Wuthering Heights*）。

……

教师课堂小结：刚才大家填写了课堂阅读自评表，对自己的阅读情况心中有数。几位同学从不同角度分享了个人阅读方法，这些经验有很多可取之处，如 B 同学的词义猜词法、C 同学的自主阅读法、D 同学的抽象概括理解法。希望同学们继续开展文学阅读，并持之以恒，多读多思多积累，通过大量阅读提高语感，进而提高语言应用能力。

本章小结

文学阅读需要配合每周一节的活动课。活动课主要不是传授语言知识或训练阅读技能，而是让学生表现自我、展现能力、体验阅读乐趣，产生阅读意愿。活动课注重组织"读·思·言"表现性活动，强调指导学生品味、欣赏和分享所读作品，在多元互动中达成教学目标。活动课拒绝标准化试题或客观题训练，而是探究开放性阅读思考题，参与各种展示性、探究性与分享性活动，在"学习集体"中培养语言和思维能力。阅读活动 RAISE 教学模式包含"阅读、欣赏、探究、分享"四个环节，"体验"不作为一个独立步骤，但它却又无所不在，贯通于其他四个层面之中。Reading 是口语化阅读，包括默读和朗读；Appreciating 是在默读或朗读之后指出作品中最美段落，并说出选读的理由；Inquiring 是联系作品内容、从不同角度探究阅读思考题；Sharing 是个体与群体分享自由阅读的收获和乐趣。

在 *After Twenty Years* 课例中，根据阅读活动课的定位和目标，采用 RIASE 教学模式，设计"朗读→欣赏→探究→分享"课堂操作流程，引导学生理解和感受作品，进行情感意义朗读，说出所读选段的理由，自主探究阅读思考题，在解疑释疑中求证，并与他人分享阅读的心得体会，谈论作品的构思、语言、人物等。在 *The Pearl* 课例中，要求学生细读课文，以朗读的方式表达对课文的理解和感受，从不同角度用不同词语梳理课文的主线，解读作品主题的深刻内涵。通过检查、评价、反馈等手段促进学生围绕课文进行展现、探究、分享，获得身心的体验。分析作者的写作意图，从故事的内涵中领会 PEARL 的深层含义，学会追求精神上的"珍珠"而非奢求物质上的"珍珠"。

第十章　　英语阅读体验课

体验是一种活动，也是活动的结果。体验式阅读强调身体参与、情感投入和活动介入，因此阅读课既是实践体验，也是情感体验。作为实践体验，是指学生"做中学"，如与文本互动、获取信息、建构意义；作为情感体验，是指在典型情境中产生情感冲击，诱发探究热情和表达欲望。为获得实践和情感的双重体验，可建构"体验阅读·观察思考·抽象概括·迁移应用"的教学模式，该模式四个要素即四个教学步骤。其中，体验阅读是语言感知过程，观察思考是言语知觉过程，抽象概括是语言领悟过程，迁移应用是言语产出过程。体验式阅读活动链体现了认知过程的整体性，凸显情感的历时性和延时性。

第一节 体验特征及体验课教学模式

一、体验的特征

　　体验既是一种活动，也是活动的结果。作为一种活动，即主体亲历某件事并获得相应的认识和情感；作为活动的结果，即主体从其亲历中获得的认知和情感（吴欣歆，2016）。体验学习是一种学习理论。与接受学习和发现学习相比，体验学习是一种更具人类原始性质的学习方式，它凸显体验在学习中的重要作用，体现学习者动脑、动身、动情的学习经历。学习是起源于经验并在经验的不断修正中创造知识的过程，"学习圈理论"包含具体体验（经历）、反思观察、抽象概括、主动应用（尝试）四个基本环节，这四个环节或要素联结在一起，共同构成体验学习过程性、连续性、探究性、完整性、交互性、创造性等特征（库伯，2008）[37]。基于经验维度的"体验"，即从学习经历中学习、感受和掌握知识，其中学习者是主体，知识和学习对象是客体，二者之间是主客体的关系；体验学习关注的是学习过程，而不是结果，因为"认识是一个过程，不是一个结果"（刘援，2011）。学习过程是主客体之间相互交织、相互作用的体验过程，也是学习者在理解、转换和创造知识中持续地完整地发展思维的过程。

　　阅读体验课着眼于学习者的身体参与、情感投入和活动介入。体验阅读强调学习主体的动力维度，在读的过程中获得主观的心理感受和体会。学习者身体参与阅读至关重要，但仅仅身体参与是不够的，还需要学习者与作为学习对象的客体产生共鸣，即"学习主体全身心投入到学习中去，从情绪、思维、观念都与所学的语言内容融为一体，形成精神上共振的状态"（刘援，2011）。阅读体验课旨在让学习者获得身体和精神的双重体验，使学习者在与文本亲密接触、相互交融中产生一种主体强烈趋近客体、与客体统一的心理倾向，获得满足感和愉悦感的体验。要实现这一教学目的，教师应当搭建起知识与身体、知识与情感、知识

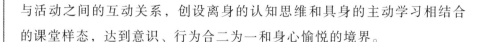

与活动之间的互动关系，创设离身的认知思维和具身的主动学习相结合的课堂样态，达到意识、行为合二为一和身心愉悦的境界。

二、阅读体验教学模式

阅读是被公认的能带来乐趣的一种学习活动，它需要集中注意力，亦须了解文字的规则，才能产生满足感与愉悦感的体验。为了达到"为文学体验而阅读"的阅读目的[①]，我们借鉴"学习圈理论"，建构英语文学"阅读体验"教学模式（见图10-1）。

图 10-1　英语文学"阅读体验"教学模式示意图

"阅读体验"模式由"体验阅读→观察思考→抽象概括→迁移应用"四个要素构成四个教学环节。从结构关系看，该模式四要素构成两组不同的认知层面：体验阅读与抽象概括属于理解层面，观察思考与迁移应用属于转换层面。从认知思维看，体验阅读是发散性思维，学习者沿着许多不同的方向思考，使思路发散到各个有关方面，会产生多种可能的答案，获得内涵式感知。抽象概括是聚合性思维，学习者利用已有的知识和经验，把众多的信息逐步引入条理化的逻辑序列中去，以得出一个合乎逻辑规范的结论，获得外延式领悟。观察思考是整合性思维，学习者不改变原有的认知结构，直接将外界刺激所提供的信息整合（同化）

---

① 《国际阅读素养进展研究》（Progress in International Reading Literacy Study，简称 PIRLS）在评价阅读素养中提出两个阅读目的：一是为文学体验而阅读，二是为获得和使用信息而阅读。

到自己原有的认知结构中，认识新事物的意义，以获得内涵式领悟。迁移应用是顺应性思维，学习者发现原有认知结构无法同化新环境提供的信息时，会重组或改造已有的认知结构，使之形成能包容新旧经验的更高层次的经验结构，获得外延式感知（库伯，2008）[34-51]。

　　从教学流程看，英语文学"阅读体验"教学模式四个环节呈现了持续发展、螺旋上升的过程，每一个体验的环节都具有发展语言和思维的可能性。体验阅读是语言感知过程，学习者进入真实的文本语境，通过视觉感知文字符号，调动已有的知识和个人经验，整体感知和理解文本，达到对文本初步的理解，形成表层体验，获得对所读内容的整体感受。观察思考是言语知觉过程，也是发现问题、分析问题和解决问题的过程，学习者利用审美感知、情感、想象和理解等心智能力，通过消化知识和转换知识，形成审美体验，获得对文本的审美观察和深层加工。抽象概括是语言领悟过程，学习者在深层理解文本的基础上运用关键词语高度概括文章大意，把具体的信息抽象化，在"收—放"的思维活动中完成对知识的重构，形成深层体验，获得对文本的整体把握。迁移应用是言语产出过程，学习者借助明确的任务目标、清晰的任务流程和及时的评价反馈，将所学知识应用到新情境中，解决新问题，在建构知识、转换知识、创造知识中获得积极的精神体验。

第二节　文学作品阅读体验课教学案例

一、课外文学作品阅读体验课实例——*The Giving Tree*

体验课选用绘本读物 *The Giving Tree*（《爱心树》）作为教材，这是一部原汁原味的文学作品，作者是美国杰出的绘本作家谢尔·希尔弗斯坦（Shel Silverstein）。该书 1964 年出版后成为作者的扛鼎之作，广受欢迎、备受推崇，它被编入美国基础教育英语教材，作为儿童和青少年的必读篇目。后来，《爱心树》绘本被作者改编成同名歌曲，其语言表达形式略有变化，但故事情节及内涵与原著保持一致。本文依据南海出版社 2007 年出版的同名图文读本。

1. 作品分析

作品主要讲述两个角色：一个是有求必应的苹果树，一个是贪求无厌的小男孩。故事围绕着他们之间"给与取、喜与悲"的情节展开：小男孩每天来爬树、摘树叶、乘凉、吃苹果……非常开心，大树也很开心；长大后男孩不再围着大树玩耍，希望获得金钱，于是大树把苹果给他去卖钱；成年后他要建立家庭，大树把树枝给他造房；成家后他想去远航，大树把树干给他造船；老了以后他回到大树身边，此时大树已经一无所有，只剩下一个让他坐下来歇息的树墩。

绘本 *The Giving Tree* 配图 26 幅，共 620 个词，分"林中嬉戏、卖苹果、砍树枝、伐树干、栖息树桩"五个部分。作品采用拟人化手段，把 the tree 比作 she，有着母亲般的大爱和悲喜交加的性情。故事主题突出、观点鲜明，有较大的思考和探究空间。本节提供该绘本全文（图略），并把五个部分隔开，以方便对照阅读。

The Giving Tree

Once there was a tree...

And she loved a little boy.

And every day the boy would come.

And he would gather her leaves.

And make them into crowns and play king of the forest.

He would climb up her trunk.

And swing from her branches.

And eat apples.

And they would play hide and go seek.

And when he was tired, he would sleep in her shade.

And the boy loved the tree...Very much.

And the tree was happy.

But time went by.

And the boy grew older.

And the tree was often alone.

Then one day the boy came to the tree and the tree said, "Come, Boy, come and climb up my trunk and swing from my branches and eat apples and play in my shade and be 'happy'."

"I am too big to climb and play," said the boy. "I want to buy things and have fun. I want some money. Can you give me some money?"

"I'm sorry," said the tree, "but I have no money. I have only leaves and apples. Take my apples, Boy, and sell them in the city. Then you will have money and you'll be happy."

And so the boy climbed up the tree and gathered her apples and carried them away.

And the tree was happy.

But the boy stayed away for a long time...and the tree was sad.

And then one day the boy came back and the tree shook with joy and she said, "Come, Boy, come and climb up my branches and eat apples and play in my shade and be 'happy'."

"I am too busy to climb tree," said the boy. "I want a house to keep me warm," he said. "I want a wife and I want children and so I need a house. Can you give me a house?"

"I have no house," said the tree. "The forest is my house," said the tree, "but you may cut off my branches and build a house. Then you will be happy."

And so the boy cut off her branches and carried them away to build a house.

And the tree was happy.

But the boy stayed away for a long time...and the tree was sad.

And when he came back, the tree was so happy. She could hardly speak.

"Come, Boy," she whispered, "come and play."

"I am too old and sad to play," said the boy. "I want a boat that will take me away from here. Can you give me a boat?"

"Cut down my trunk and make a boat. Then you can sail away...and be happy."

And so the boy cut down her trunk.

And make a boat and sail away.

And the tree was happy...But not really.

And after a long time the boy came back again.

"I am sorry, Boy," said the tree, "but I have nothing to give you...My apples are gone."

"My teeth are too weak for apple," said the boy.

"My branches are gone," said the tree. "You cannot swing on them..."

"I am too old to swing on branches," said the boy.

"I am too tired to climb," said the boy.

"I am sorry," said the tree, "I wish that I could give you

something…but I have nothing left. I am just an old stump. I am sorry…"

"I don't need very much now," said the boy. "Just a quiet place to sit and rest. I am very tired."

"Well," said the tree, straightening herself up as much as she could, "Well, an old stump is good for sitting and resting. Come, Boy, sit down. And rest."

And the tree was happy.

2. 学情分析

执教者为福州某高中英语教师，教学对象为高一下学期学生，他们已学习了人教版高中英语教材必修模块 1~3。对他们来说，绘本的词汇浅显易懂，语言的表达以简单句为主，理解文本的表层意思不成问题。由于学生此前未接触过英语绘本读物，他们读图看图的能力较弱，在分析简单语言背后的深层含义、揣摩作者的写作意图等方面可能有一些困难，不容易品味和体验作品的内涵。不过，学生之前接受过课外阅读训练，对文学简易读物表现出浓厚的兴趣。当他们课前拿到 *The Giving Tree* 时非常高兴，表示会完成老师布置的默读与朗读任务。

3. 教学目标

根据绘本的中心思想和学生的认知水平，设计以下三维体验教学目标：（1）能够通过不同视角感知文本符号，整体理解绘本的图文，分析故事的内在结构，形成对作品的表层体验；（2）能够通过阅读观察进行质疑、解疑、释疑，用关键词语概括文本大意，形成对绘本的深层体验；（3）能够将整体理解和深层体验应用于新情境中，在言语活动中建构知识，形成积极的学思经验。

4. 教学过程

简单的绘本语言并不妨碍设计复杂的思维活动。根据"阅读体验"教学模式设计"体验阅读→观察思考→抽象概括→迁移应用"四个教学环节。

Step 1: Reading and Experiencing

在课前独立阅读的基础上，本环节以角色朗读作为导入，然后创设问题情境，提出三个理解性问题，以外部问题调动学生的内部知识经验，使之产生最佳的思维定向，以获得对绘本的整体感受。

Q1：How many roles are there in the picture book？Who are they？

这个问题是让学生指出故事角色，比较简单。学生 A 说："There are two roles in the story：a tree and a boy."。学生 B 补充说："They are an apple tree and a little boy."。学生 C 说："故事应该不止两个角色，除苹果树和小男孩两个主角外，应该还有其他人，因为第 9 幅图上说："And they would play hide and go seek"，其中 they 可能是指男孩子的小伙伴。教师肯定了学生 C 的观点，表扬他善于用细节来解决问题的能力。

Q2：How many parts is this story made up of？ And what does the tree give to the boy at each stage？

问题的第一部分是梳理文本结构，目的是让学生分出故事的层次，继而理解各层次的大意。有学生说："故事可以划分为五个部分，每个部分都用一个标识性句子结尾，如'And the tree was happy.'这个句子，但是第四部分尾句（And the tree was happy...But not really.）与其他结尾句不同；各部分绘图的数量也不均等，第一部分有 12 幅图，第二部分有 5 幅图，第三、第四、第五部分各有 3 幅图；第一部分图多文少，其他部分图少文多。"

教师点评：文本结构理解正确。"And the tree was happy."是一个过渡句，这种形式和韵律具有诗歌格调特点。作品划分为五个部分，其实也就是男孩成长过程的五个阶段。

问题的第二部分以苹果树"给予"男孩什么为切入点，引导学生关注各层次主要情节。第二至第五部分这四个阶段的信息比较明显，学生可以直接从文本中找到，分别是：apples and leaves、branches、trunk、stump；第一阶段信息比较含蓄，要点不易把握，有的说"The tree gives him leaves to make into crowns."，有的说"The tree gives him apples to eat."，还有的说"The tree gives him the shade to sleep."。教师认为，第一阶段画面较多，主要描绘小男孩围着大树玩耍的几个场面，因此应是"The tree gives him a good living environment（生活环境）."。

Q3：What can you associate the tree with？

Giving（奉献、给予）是大树最明显的特征。该问题要求学生根据

the tree 的形象进行联想，说出自己想象的客体，表达对作品的情感体验。这是一个发散性思维活动，它以 the tree 为中心向外部辐射，学生积极发言，联想了很多词语，如 mother、friend、teacher、nature、the earth 等。

Step 2：Observing and Thinking

体验阅读之后，提出三个探究性问题，带领学生观察"画里字间"之意，阐述各自的观点，深思文本的主旨要义及言外之意。

Q4：Are the two "loved" the same type of love in the beginning？

第一部分呈现两个句子："And she loved a little boy... And the boy loved the tree very much."。这里的两个 loved 是否表达相同的意思？

针对这个问题，一个学生说这两个"loved"不一样：大树对男孩的爱，是长辈对晚辈的"慈爱"，母亲对儿子的"母爱"；男孩对大树的爱，是晚辈对长辈的"敬爱"，儿子对母亲的"热爱"。另一个学生说这两个"loved"是一样的，他们之间的爱是双向的，如男孩每天来到森林（And every day the boy would come.），大树用自己的"身体"（leaves、trunk、branches、apples）"陪伴"男孩玩耍，为男孩提供栖息的地方，这种"loved"体现了互相尊重、相互依存、和谐共处的生活方式，这一段时光大树真的很开心，只可惜好景不长。

Q5：Why was the tree not really happy after giving the boy her trunk？

这个问题指向故事的第四个情节，答案就在图文之中，不难找到，但如何提供有力的理由（propose some reasons）、进行有深度的分析，则考验学生的观察力和思考力。

学生 A：The tree was not really happy because the boy cut down her trunk.

这个答案说明了一种因果逻辑关系，却未能解释大树不开心背后深层的原因。教师启发学生用发展的眼光看大树的问题。

学生 B：大树不是真的开心（the tree was not really happy），因为她对男孩很失望，她的树枝之前被男孩砍掉了（the boy cut off her branches），她已经失去了部分生长的机能，所以她表现出衰弱的样子，说话有气无力（She could hardly speak...she whispered.）。如今男孩再砍掉树干，使她完全失去了再生能力，这意味着彻底灭亡，这才是大树开心不起来的真实原因。

Q6：What do you think of the last conversation between the tree and the boy？

故事最后有四个回合对话：男孩老了，牙齿松动了，咬不动苹果了（My teeth are too weak for apple.），荡不了秋千了（I am too old to swing on branches.），太累了，爬不上树了（I am too tired to climb.），不需要太多东西了（I don't need very much now.），只想找个安静的地方坐坐、好好休息（Just a quiet place to sit and rest.）。大树却十分愧疚（I am sorry，Boy.），后悔再也拿不出东西给他了（But I have nothing to give you.），只剩下老树桩了（I am just an old stump.），她已力不从心了（I wish that I could give you something.）。大树和老男孩之间的"临终对话"给了我们哪些启示呢？

从不同维度深入分析，揭示故事的内涵意蕴，挖掘作品的教育价值，有助于学生获得言语体验和生命体验，成为真正的思考者。在教师引导下，有几位学生发表了不同看法，达成了两个方面的共识：

第一，一味索取背离了道德准则。具体而言，大树与男孩的关系，象征父母与子女的关系（parents-children relationship）。小时候，我们喜欢跟爸妈玩，长大后就离开了父母，只有当需要什么东西或遇到麻烦时才回到父母身边，他们却倾其所有使我们快乐，而不图回报。孝敬父母是重要的品德，也许你以为男孩对待大树很残酷，但这就是我们很多人对待父母的方式。我们应当从中吸取教训，善待父母、孝敬父母，与父母幸福生活。

第二，一味消费背离了自然法则。抽象而言，作者把大树比作自然，把男孩比作人类，大树与男孩的关系，象征人与自然的关系（human-nature relationship）。长期以来，人类依赖自然环境而生，与大自然相依为命，却无视生态规律，不断破坏自然、蹂躏自然，如过度开采资源、滥伐森林、肆意填湖围海、野蛮捕杀动物，造成生态环境急剧恶化，各种自然灾害频发。大树和男孩的故事使我们明白：人类只有一个地球可以生存，地球经受不住我们无止境地破坏和挥霍；人类应善待自然、呵护自然，才能与自然互惠互生（Wartenberg，2009）。

Step 3：Abstracting and Generalizing

抽象概括是在整体理解文本、深度把握主旨的基础上，让学生用一些关键词语拉出文本的主线，把复杂的文本或语篇转换为简单具体的词语，形成对文本的深层体验。换言之，抽象概括是心智认知加工的过程，这种思维活动具有深入浅出的特点，能够转化文本的语言、内化文本的言语逻辑结构、找准文本的重难点，是复述（retell）文本或迁移应用的脚手架，也是阅读体验课至关重要的环节。

教师呈现一个 How the Boy Treat the Giving Tree 表格（见表10-1），表格中设四个项目，分别是"Stages of the boy's life""What does the boy do？""Why？""Is the tree happy？"。要求学生独立填写各项五个层次的内容，每个空格用一个词或短语来填写。然后，组织一次小组合作活动，要求根据表格信息梳理作品的主线，各组完成任务后派代表展示作业。

表10-1 How the Boy Treat the Giving Tree

Stages of the boy's life	What does the boy do?	Why?	Is the tree happy?
Young boy	Swings on the tree，etc	Have fun	Yes
Young man	Sells the apples	Make money	Yes
Young adult	Cuts off the branches	Build a house	Maybe
Adult	Cuts down the trunk	Make a boat	No
Old man	Sits on the stump	Rest	?

注：①为直观起见，本表已填入各项所有内容；② young boy 指小男孩，young man 指未婚小青年，young adult 指年轻人，adult 指年轻人、年轻成人，old man 指老人、老头；③"？"表示有争议，允许表达不同观点。

有的组以男孩的年龄为线索，构成一条时间顺序主线，如 a little boy → teenager → young man → middle-aged man → old man。这里，前四个年龄段词语与表格内容不对应，但能显示区分度，亦可接受。

有的组以男孩的动作为线索，凸显其行为的因果逻辑关系，如 play on the tree for fun → sells the apples for money → cuts off the branches for building a house → cuts down the trunk for making a boat → sits on the trump for rest。

有的组以 she（大树）的心理活动为线索，构成其对男孩行为所表现的情感主线，如 happy in the beginning → happy at the second stage → maybe happy at the third stage → not really happy at the fourth stage → sad/unhappy at the final stage。

也有的组用 giving 的反义词 taking 及其搭配构成主线，突出男孩一味索取、不懂回报的行为，如 taking fun as a little boy → taking apples as a young man → taking branches as a young adult → taking trunk as an adult → sitting on the stump as an old man。

还有的组以图文为线索，勾勒 tree → apples → branches → trunk → stump 五幅简笔画，表示作品 giving 的主线。

上述提取的线索及其概括的词语，是学生对绘本阅读理解和领悟的结果，也是发散思维之后聚合思维的产物。这五条线索，由于梳理的思路不同，用词也不一样，但其目的不无二致，不论采用哪一条线索，都能够重构或还原出绘本内容和结构，可谓殊途同归，体现了思维方式的多样化。

Step 4：Transferring and Applying

迁移应用是学伴用随的过程。学伴用随强调"变量、互动、关联"三个概念：变量分语言变量和非语言变量，前者指词组、句型、篇章，后者指社会、认知、心理；互动是指语言学习中各种变量之间的动态交互；关联是指各种变量之间、学与用之间的有机联系（王初明，2009）。迁移应用也是学用协同和言语活动的过程。语言是共性的、理论的、现成的、同质的、集体的；言语则是个性的、实践的、现场的、异质的、个体的，言语活动以书面表达为主。据此，围绕作品设置一项选择性任务，引导学生顺应问题情境，把所学所思应用于言语实践，在活动中体验生活、体验生命、体验生态。

任务要求：Choose one of the following tasks and write a short passage in class.

Task 1：Write a short passage about the last conversation, using the third person.

Task 2：Inspired by this story，how would you make your parents really happy in the future？

Task 3：Can we use fresh water at will？Why or why not？

第一项任务要求用第三人称改写"临终对话"，这是转换知识的任务。有一个学生的"作品"还加入了个人观点：

When the tree saw the boy come back again，she was sorry to say that she had nothing to give the boy because he had got everything he needed，including apples，branches and trunk. The boy was worried to say that he was old，weak and tired and could do nothing now；what he needed was a quiet place to sit and rest. Hearing this，the tree said that she had an old stump for the boy to have a rest. The boy sat on the stump. The tree thought that both of them would be helpless and hopeless，and she was very sad and regretted of what she did in the past.

第二项任务要求根据故事的启发，思考在日常生活中如何正确对待父母，这是建构知识的任务。有一个学生是这样描述的：

I think that the story shows us the parents-children relationship. So this is a story of everyone. We will love to play with Mom and Dad when we are young；but we will leave them when we grow up，and only come back to them when we need something or when we are in trouble. Parents，however，will always be at home and give everything they have to make us happy. Inspired by the story，I find that we are cruel to the parents and they may feel disappointed with us. From now on，I will not take offerings from them and try to give them something in return and make them happy.

第三项任务是关于水资源的使用问题，要求把所学内容联系日常生活实际。学生需要领悟作品的抽象意义，面对现实境遇阐述个人的观点。这是建构知识和创造知识的任务，有一定的挑战性。以下是一个学生对该话题发表的议论：

Can we use fresh water at will？The answer is NO，because fresh water shortage is a global problem. In China，for example，the resources of fresh water are short in many areas, which are caused by deserts expanding, lakes reducing, climate warming, water pollution, growing population and so on. The story of *The Giving Tree* shows us the human-nature relationship. The lesson of the tree and the boy tells us that natural resources are limited; if we take too much fresh water from nature, it would be used up, and we will face the same situation as they did. To get along well with nature, we should respect nature, protect water resources and save fresh water.

教师应根据学生完成任务的情况，选择个别作品在课堂上进行评价与反馈。这些任务也可以作为书面表达作业，把教学时空从课堂延伸到课外，让学生在读写过程中动身动心动情、自由表达思想。

二、教材文学作品阅读体验课实例——*The Little Match Girl*

本节采用 *Project English*（北京市仁爱教育研究所，2014）英语教材八年级下册课文 *The Little Match Girl*（《卖火柴的小女孩》）作为阅读体验课材料。本课取材于丹麦著名作家安徒生同名童话小说，针对初中英语学习者认知水平简写而成，故事保留了原著中几个主要情节，全文如下：

The Little Match Girl

It was snowy and dark on the last evening of the year. Many people were getting together in their warm homes. A poor little girl was still walking in the streets with no shoes. There were some matches in her hand.

"Matches, Matches!" the little girl cried in a low voice. No one heard her when they were passing by. She didn't sell any matches and no one gave her a coin. The wind was blowing strongly and the snow was falling down on her long hair. She felt cold and hungry.

Lights were shinning from every window. But the little girl was afraid to go home without selling one box of matches, because her father would beat her.

"Ah, a burning match may warm me up!" she thought. She lit

three matches. When the matches were burning, she saw a warm stove, a delicious roast goose and a beautiful Christmas tree. But all these disappeared when the flames went out. Then she lit a fourth match. A kind old woman was standing there.

"Grandmother!" cried the little girl, "Take me with you." Her grandmother smiled and held the girl in her arms.

On the morning of the new year, the girl was lying against the wall, dead!

1. 教材分析

全文209个词,分六个自然段,呈现了小女孩、父亲、路人、奶奶等人物,描写新年前夜节日气氛及严冬风雪交加的情景。小女孩饥寒交迫,没人买火柴,却不敢回家,她点火柴取暖,在火柴的微光中看见火炉、烤鹅、圣诞树和慈祥的奶奶;第二天人们发现小女孩冻死街头。通过小女孩现实悲惨生活的情景与虚幻幸福生活的画面形成鲜明对比,作者表达了对贫苦人民不幸遭遇的同情,对社会黑暗和人情冷漠的不满,以及对未来生活的美好希望。

2. 学情分析

执教者为福州某中学初中英语教师,教学对象为初二下学期学生。他们在课外读过一些英语绘本,如 The Missing Piece(《失落的一角》)、The Missing Piece Meets the Big O(《失落的一角遇见大圆满》)等,但在教材中接触文学题材的课文还是头一次,学生们不一定能够深层理解作品的内涵。不过,他们大都读过这个中文版童话故事,熟悉度较高,且课文生词(stove、roast、flame、disappear、match 等)中仅disappear(appear 派生词)一词较长,只要读前得到适当提示,应该不会出现感知文本的困难。

3. 教学目标

根据本文的主题内涵和学生的语言能力,设计可操作、可达成的三个教学目标:(1)能够借助图片和表格读懂故事情节,获取语言信息,整体理解文本所传达的大意;(2)能够观察"卖火柴""点火柴"两个情节的语言描写,思考两种截然不同的情境,用关键词概括课文,探究文本的深层意义；（3）能够把所学语言材料应用于新情境中，通过联想和想象续写课文，形成真实的知识和情感体验。

4. 教学过程

根据英语文学"阅读体验"教学模式设计"体验阅读→观察思考→抽象概括→迁移应用"四个教学步骤。教学设计围绕学生的理解力、解释力和想象力铺开：整体理解文本内容，解读文字背后隐含的信息，展开想象的翅膀进入童话世界。

Step 1 : Reading and Experiencing

（1）呈现一张由 4 幅图片和童话名称组成的课件（见图 10-2），让学生看图后找到相匹配的童话名称，从图 10-2 引入课文 *The Little Match Girl*。

| The Little Match Girl 卖火柴的小女孩 | The Princess and the Pea 豌豆公主 |
| The Ugly Duckling 丑小鸭 | Thumbelina 拇指姑娘 |

图 10-2　童话内容与题目匹配图

（2）提示几个生词，如 stove、roast、flame、disappear、match 等，为阅读扫除词汇障碍。

（3）默读课文，要求在 5~6 分钟内静心细读全文，然后根据课文内容填写故事信息表（见表 10-2），如 Who 栏填写 the little match girl、father、they（passers-by）、grandmother。

表10-2 *The Little Match Girl*故事信息表

Who	the little match girl，…
Where	
When	
What	

（4）朗读活动，全班同学模仿录音，跟读课文。

Step 2：Observing and Thinking

（1）个体活动，引导学生针对课文前五个自然段梳理语篇结构。

大多数同学认为，课文应划分为两个部分：第一部分（第1~3自然段），第二部分（第4~5自然段）。

（2）小组活动，设计三个任务型活动。

①观察第一部分的语言描写，画出表示天气状况、路人态度、小女孩的境遇、父亲的脾气的词语。

天气状况：It was snowy and dark... ；The wind was blowing strongly and the snow was falling down...

路人态度：No one heard her when they were passing by... ；...no one gave her a coin...

小女孩的境遇：...walking in the streets with no shoes... ；...cried in a low voice... ；didn't sell any matches... ；...felt cold and hungry ；...was afraid to go home...

父亲的脾气：...would beat her...

②观察第二部分语言描写，画出表示小女孩"看见"景物或人物的词语。

The little girl saw：a warm stove，a delicious roast goose and a beautiful Christmas tree，a kind old woman，smiled...

③观察课文两个部分各自的特点，采用提问形式引导学生思考。

Q1：What kind of *world* does the first part show？（第一部分展现了什么样的"世界"？）

Q2：What kind of the *world* does the second part show？（第二部分展现了什么样的"世界"？）

两个问题实际上是同一个问题的两个侧面，作者的写作意图是展现给读者两种不同的世界。教师启发学生从"真实"和"虚拟"两个角度进行思考，经过一番讨论，找到大家认同的答案："The first part shows us the real world（现实世界）；The second part shows us the unreal/imaginary world（虚幻世界）。"

Step 3：Abstracting and Generalizing

Q3：How was the girl feeling in the real world?

Q4：How was the girl feeling in the unreal world?

设计上述两个问题，目的是引领学生用关键词概括文本结构。学生很容易说出第一个答案（She was feeling cold.），其关键词是 cold。第二个问题的答案颇有争议。有的说："She was feeling happy."；有的说："She was very pleased."；还有的说："She was feeling comfortable."。最佳的关键词是 cold 的反义词 warm，即"She was feeling warm."。

以 cold 作为切入点，引导学生理解 cold 的本义（寒冷、冰冷、阴冷）和引申义（冷漠、冷酷、冷淡），帮助他们领会作品的表层意思（冬季的寒冷）和深层含义（现实社会的冷酷）；以 warm 作为关键词，目的是引导学生理解 warm 的本义（温暖、温饱、温居）和引申义（温和、温情、温馨），帮助他们体会小女孩外在取暖（a warm stove、a delicious roast goose）的需求，体会小女孩内心对温暖的渴求（a beautiful Christmas tree）。通过"冷暖"（cold 与 warm）的反义关系，展示两个截然不同的世界，形成鲜明的对比，从而让读者想象奶奶带领小女孩在天堂过着幸福美好的生活。

接着，要求学生从课文中找出支持两个关键词的"证据"（词语），形成一个思维导图（见图 10-3）：

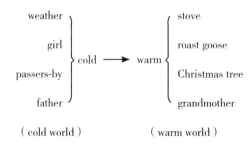

图 10-3 *The Little Match Girl* 课文思维导图

Step 4: Transferring and Applying

迁移应用环节设计"读后续写"活动。读后续写能够凸显语境作用、激发言说动机、借力互动促学，有助于训练学生把控语篇结构、把握关键信息的能力，提高语言运用的准确性和丰富性以及创造性思维能力。本课要求学生续写一段小女孩和奶奶在一起开心生活的情景。为了提高续写活动的效率，教师为学生搭建了四个支架：（1）结构支架，写出第一句（Her lips were smiling. Grandma took her to the heaven.），指明写作方向；（2）思维支架，利用 cold-warm 思维导图，示范写作思路；（3）同伴支架，组织小组合作活动，要求积极参与；（4）情感支架，明确课堂抽查习作、课后展示佳作等评价方式，驱动续写活动。

图 10-4 是一个学生的课堂习作，短文共计 86 个词，书写内容丰富，语言有些许错误，但基本达意，与课文衔接自然，是一篇较好的续写作品。这说明文学阅读教学有助于学生把握文本内容，走进小女孩的内心世界，走进自己想象的童话世界，在输入、内化和输出的过程中有效训练了阅读的理解力、解释力和想象力。

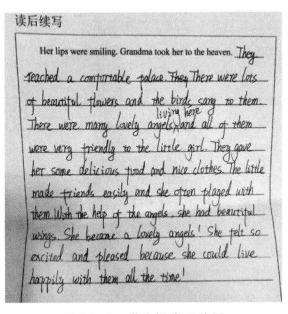

图 10-4 学生课堂习作图

本章小结

体验不同于经验，经验是行为和结果之间的因果联系，体验是外部实体进入内部心灵的主观感受（胡定荣 等，2016）。阅读体验课着眼于身体参与、情感投入和活动介入，使学习者获得满足感和愉悦感的双重体验。英语文学"阅读体验"教学模式由"体验阅读→观察思考→抽象概括→迁移应用"四个要素构成。从结构关系看，这四个要素构成两组不同的认知层面：体验阅读与抽象概括属于理解层面，观察反思与迁移应用属于转换层面；从认知思维看，体验阅读是发散性思维，抽象概括是聚合性思维，观察思考是整合性思维，迁移应用是顺应性思维；从教学角度看，体验阅读是语言感知过程，观察思考是言语知觉过程，抽象概括是语言领悟过程，迁移应用是言语产出过程。

课外体验课选用绘本读物 *The Giving Tree* 作为教材，作品采用拟人化手段，凸显人与自然的关系，呼吁大家增强保护环境的意识。要求学生达到三维体验教学目标：通过不同视角感知文本符号，整体理解绘本的图文，分析故事的内在结构，形成对作品的表层体验；通过阅读观察进行质疑、解疑、释疑，用关键词语概括文本大意，形成对绘本的深层体验；将整体理解和深层体验应用于新情境中，在言语活动中建构知识，形成积极的学思经验。教材阅读体验课采用 *The Little Match Girl* 课文，着力培养学生的理解力、解释力和想象力，要求学生能够借助图片和表格读懂故事情节，获取语言信息，整体理解文本大意；能够观察"卖火柴""点火柴"故事情节，运用关键词概括课文，解读文字背后隐含的信息；能够把所学语言材料应用于新情境中，通过联想和想象续写课文，描绘美妙的童话世界。

参考文献

BACHMAN L F, 1990. Fundamental considerations in language testing [M]. Oxford: Oxford University Press.

BACHMAN L F, PALMER A S, 1996. Language testing in practice: designing and developing useful language tests [M]. Oxford: Oxford University Press.

BRUMFIT C, 1986. Reading skills and the study of literature in a foreign language [M] // BRUMFIT C J, CARTER R A. Literature and language teaching. Oxford: Oxford University Press: 184-190.

California Department of Education, 2002. English-language development standards for California public schools: kindergarten through grade twelve [S]. Sacramento: California.

CANALE M, 1983. From communicative competence to communicative language pedagogy [M] // RICHARDS J C, SCHMIDT R W. Language and communication. London: Longman: 2-27.

CANALE M, SWAIN M, 1980. Theoretical bases of communicative approaches to second language teaching and testing [J]. Applied linguistics, I (1): 1-47.

CARRELL P L, 1987. Readability in ESL [J]. Reading in a foreign language, 4 (1): 221-240.

CARVER R P, 1997. Reading for one second, one minute, or one year from the perspective of reading theory [J]. Scientific studies of reading, 1 (1): 3-43.

CCLB (Centre for Canadian Language Benchmarks), 2012. Canadian language benchmarks: English as a second language for adults [S]. Ottawa: CCLB.

CHAMBERS A, 1995. The reading environment: how adults help children enjoy books [M]. Portsmouth: Stenhouse Publishers.

CHOMSKY N, 1965. Aspects of the theory of syntax [M]. Cambridge, MA: MIT Press.

DANIELS H, 1994. Literature circles: voices and choice in the student-centered classroom [M]. York, Maine: Stenhouse Publishers.

DEWEY J, 2004. How we think [M]. Kila, MT: Kessinger Publishing: 60-61.

FURR M, 2007. Bookworms club gold: stories for reading circles [M]. Oxford: Oxford University Press.

GOODMAN K S, 1967. Reading: a psycholinguistic guessing game [J]. Journal of the reading specialist, 6 (4): 126-135.

GRABE W, 1991. Current developments in second language reading research [J]. TESOL quarterly, 25 (3): 375-406.

HALL G, 2005. Literature in language education [M]. New York: Palgrave Macmillan.

HALLIDAY M A K, 1973. Explorations in the functions of language [M]. London: Edward Arnold.

HYMES D H, 1966. Two types of linguistic relativity [M] // BRIGHT W. Sociolinguistics: proceeding of the UCLC sociolinguistics conference. The Hague: Mouton: 114-158.

KODA K, 2005. Insights into second language reading: a cross-linguistic approach [M]. Cambridge: Cambridge University Press.

KOLB D A, 1984. Experiential learning: experience as the source of learning and development [M]. New Jersey: Prentice-Hall, Inc.

KOZULIN A, 1998. Psychological tools: a sociocultural approach to education [M]. Cambridge, MA: Harvard University Press.

KRASHEN S D, 1985. The input hypothesis: issues and implications [M]. London: Longman.

KRASHEN S D, 2004a. The power of reading: insights from the

research [M]. 2nd ed. Portsmouth, NH: Heinemann.

KRASHEN S D, 2004b. The case for narrow reading [J]. Language magazine, 3 (5): 17-19.

LAUFER B, SIM D D, 1985. Measuring and explaining the reading threshold needed for English for academic purposes texts [J]. Foreign language annals, 18 (5):405-411.

LITTLEWOOD W T, 1986. Literature in the school foreign language course [M] // BRUMFIT C J, CARTER R A. Literature and language teaching. Oxford: Oxford University Press.

LYSTER R, 2007. Learning and teaching languages through content: a counterbalanced approach [M]. Amsterdam: John Benjamins Publishing Company.

NUNAN D, 1997. The learner-centred curriculum [M]. Cambridge: Cambridge University Press.

NUTTALL C, 2002. Teaching reading skills in a foreign language [M].上海:上海外语教育出版社.

PAESANI K, 2011. Research in language-literature instruction: meeting the call for change? [J]. Annual review of applied linguistics (31): 161-181.

PICKERING M J, GARROD S, 2004. Toward a mechanistic psychology of dialogue [J]. Behavioral and brain sciences, 27 (2): 169-225.

SHOWALTER E, 2003. Teaching literature [M]. Malden, MA: Wiley-Blackwell Publishing.

WARTENBERG T E, 2009. Big ideas for little kids: teaching philosophy through children's literature [M]. New York: Rowman & Littlefield Education: 95-102.

WATERS A, 2006. Thinking and language learning [J]. ELT journal, 60 (4): 319-326.

北京市仁爱教育研究所, 2014. 义务教育教科书英语（Project

English）八年级下册［M］.北京：科学普及出版社.

曹阳明，2016.十年书香"大阅读"［N］.中国教育报，2016-03-21（11）.

曹怡鲁，1999.外语教学应借鉴中国传统语言教学经验［J］.外语界（2）：16-19.

常海潮，2015.中国学生英语能力可持续发展的途径和方法：基于中国当代英语教育名家叙事的考查［J］.当代外语研究（8）：37-42.

陈国华，2008.关于我国英语教育现状和政策的分析和建议［J］.中国外语（2）：4-6.

陈则航，罗少茜，王蔷，2010.语言教学中的儿童文学：从德国Hildesheim国际学术会议谈起［J］.中小学外语教学（小学篇）（6）：1-4.

储朝晖，2014.评价，要打破对分数的迷信［N］.光明日报，2014-08-05（14）.

崔利斯，2009.朗读手册［M］.沙永玲，麦奇美，麦倩宜，译.海口：南海出版社.

戴维斯，2011.心智交汇：复杂时代的教学变革［M］.毛齐明，译.2版.上海：华东师范大学出版社.

德博诺，2009.创新思维训练游戏［M］.宗玲，译.北京：中信出版社.

丁桂凤，2005.合作学习研究的基本走势［J］.南京师大学报（社会科学版）（4）：111-113.

丁伟，2013.读书有什么用？——一位小学教师的阅读"新得"［N］.中国教育报，2013-9-16（9）.

董绮安，张淑英，2009.Developing critical thinking through literature reading［J］.Feng Chia journal of humanities and social sciences（19）：287-317.

杜国平，2016.逻辑应用的范围［N］.光明日报，2016-04-13（14）.

杜威，2005.我们怎样思维：经验与教育［M］.姜文闵，译.北京：人民教育出版社.

段蕙芬，蒋子诚，梅卫国，2000.中学生英语阅读能力结构及其发展初探［J］.心理科学（5）：547-551.

范玉刚，2012.不必避讳中国学生创新能力不足［N］.中国教育报，2012-11-06（3）.

冯梅，姬生雷，乔建珍，2011.河北省高校英语专业大学生文学素养现状研究［J］.河北师范大学学报（教育科学版），13（6）：83-87.

高慎英，2008.体验学习论：论学习方式的变革及其知识假设［M］.桂林：广西师范大学出版社.

葛文山，2013.阅读，可以不讲附加条件吗？［J］.中小学外语教学（中学篇），36（4）：46-48.

龚亚夫，2012.论基础英语教育的多元目标：探寻英语教育的核心价值［J］.课程·教材·教法，32（11）：26-34.

谷振诣，刘壮虎，2006.批判性思维教程［M］.北京：北京大学出版社.

郭宝仙，2016.中小学英语阅读能力的结构框架体系研究［J］.中小学英语教学与研究（2）：2-6.

韩宝成，2007.中国基础英语素质教育的途径与方法［R］.北京：中国外语教育研究中心.

亨利，2011.欧·亨利短篇小说精选［M］.北京：中国宇航出版社：217-225.

洪志忠，崔允漷，2008.怎样理解新课程下的校本课程开发？［N］.中国教育报，2008-06-06（5）.

侯晶晶，2013.美国学校是如何培养小学生阅读习惯的［N］.中国教育报，2013-12-23（9）.

胡春洞，1996.英语学习论［M］.南宁：广西教育出版社.

胡定荣，吴颖惠，2016.基于现象学视野的观评课范式转型［J］.教育科学研究（7）：5-9.

胡萨，2010.反思：作为一种意识：关于教师反思的现象学理解［J］.教育研究（1）：95-99.

胡卫平，2011.学思维活动课程［M］.北京：外语教学与研究出版社.

胡壮麟，1999.辩证施治和唯物辩证法［M］//张后尘.外语名家论要.北京：外语教学与研究出版社：183-186.

胡壮麟，2009.中国外语教育六十年有感［J］.中国外语，6（5）：

5-9.

怀特海，2012.教育的目的［M］.庄莲平，王立中，译.上海：文汇出版社.

黄军生，2014.基于学生发展目标的英语文学阅读选材原则［J］.课程·教材·教法，34（7）：87-92.

黄睿，2011.外语教学中如何选用课外文学作品［J］.现代教育科学·普教研究（5）：149-151.

黄少珠，吴思廉，2014.高中英语文学阅读"持续默读"教学模式建构研究［J］.福建基础教育研究（7）：73-76.

黄远振，黄睿，2012a.中学英语文学体验阅读：理念与策略［J］.中小学英语教学与研究（6）：10-13.

黄远振，兰春寿，薛常明，2012b.英语教学标准化训练：困境与超越［J］.课程·教材·教法，32（8）：95-100.

黄远振，兰春寿，黄睿，2013.英语文学体验阅读 READ 教学模式建构研究［J］.外语界（1）：11-19.

黄远振，兰春寿，黄睿，2014.为思而教：英语教育价值取向及实施策略［J］.课程·教材·教法，34（4）：63-69.

黄远振，兰春寿，2015.初中英语深层阅读教学模式研究［J］.中小学外语教学（中学篇），38（2）：11-15.

黄远振，黄睿，2019.英语深读教学读思言模型构念与实践研究［J］.福建基础教育研究（4）：62-67.

纪康丽，宋丽丽，崔荣佳，等，2002.根据学生需求设置大学英语阅读课程［J］.清华大学教育研究（S1）：41-46.

加达默尔，2004.真理与方法：哲学诠释学的基本特征（上卷）［M］.洪汉鼎，译.上海：上海译文出版社：16.

贾容韬，2011.提高学习成绩有秘诀［J］.好家长（3）：10-12.

江言，2011."规规矩矩地"学习逻辑［N］.光明日报，2011-11-16（16）.

蒋祖康，1999.第二语言习得研究［M］.北京：外语教学与研究出版社.

阚兆成，2016. 小学成绩的虚假性和欺骗性［EB/OL］.［2016-05-12］.http：//blog. sina. com. cn./s/blog_59d698c90102wnxt. html.

柯安利，2007. 中小学英语也要重视文学阅读［N］.光明日报，2007-07-18（10）.

克拉生，2012. 阅读的力量［M］.李玉梅，译. 乌鲁木齐：新疆青少年出版社.

库伯，2008. 体验学习：让体验成为学习和发展的源泉［M］.王灿明，朱水萍，译. 上海：华东师范大学出版社.

李达，靳晓燕，2015. 教你129种思维习惯的大学［N］.光明日报，2015-04-07（14）.

李冬梅，2016. 日本"短时学习"成课改焦点［J］.教育文摘（7）：107.

李梅，2012. 现代文阅读教学模式初探［N］.教育文摘周报，2012-01-25（5）.

李其维，谭和平，2005. 再论思维的可训练性［J］.心理科学，28（6）：1330-1333.

李松林，2011. 教学活动设计的理论框架：一个活动理论的分析视角［J］. 教育理论与实践，31（1）：54-57.

李小均，2008. 从"外国语文学系"到"外国语学院"［J］.读书（9）：48-51.

李秀菊，2016. 小学是创造性想象力发展黄金期［N］.光明日报，2016-08-19（11）.

李艺，钟柏昌，2015. 谈"核心素养"［J］.教育研究，36（9）：17-23.

林才回，2015. 群文阅读：高三英语复习新常态［J］.中小学英语教学与研究（5）：63-69.

林崇德，2006. 思维是一个系统的结构［J］.宁波大学学报（教育科学版），28（5）：1-7.

林芸，杨良雄，2014. 英语文学欣赏课的有效教学探究：以 *The Last Leaf* 教学为例［J］.福建教育（6）：48-51.

刘承沛，1998. 也谈自学英语［M］∥李赋宁，等. 识途篇：专家、学者、教授谈英语学习. 北京：商务印书馆：219-223.

刘道义，郑旺全，1998. 高级中学英语第三册（选修）简介［J］. 中小学英语（8）：7.

刘晶晶，郭元祥，2015. 小学语文阅读素养：内涵、构成及测量［J］. 课程·教材·教法，35（5）：69-75.

刘庆思，陈康，2016. 关于一年两考高考英语试卷中读后续写设计的研究［J］. 中小学外语教学（中学篇），39（1）：1-5.

刘儒德，2000. 论批判性思维的意义和内涵［J］. 高等师范教育研究，12（1）：56-61.

刘援，2011. 体验式外语教学的实践与理论探索［J］. 中国外语，8（5）：57-64.

鲁子问，2007. 国家《英语课程标准》阅读目标校本化实施策略实验［R］. 中国教育学会十一五科研规划课题.

陆佩弦，1998. 回忆自己学习英语的经过［M］∥李赋宁，等. 识途篇：专家、学者、教授谈英语学习. 北京：商务印书馆：1-7.

罗义安，2016. 学习未必是学生的"本能"［EB/OL］.［2016-02-17］. http：∥www.sohu.com/a/59303728_241736.

帕慕克，2012. 阅读小说时我们的意识在做什么［N］. 彭发胜，译. 光明日报，2012-11-30（15）.

潘涌，2012. 施莱克尔博士的清醒［N］. 中国教育报，2012-01-13（5）.

潘涌，2014. 不教之教方为至教［N］. 光明日报，2014-09-30（14）.

庞桂美，2002. 论游戏及其教育价值［J］. 天津市教科院学报（6）：11-13.

彭萍，2011. 欧·亨利短篇小说精选［M］. 北京：中国宇航出版社.

皮连生，吴红耘，2011. 两种取向的教学论与有效教学研究［J］. 教育研究（5）：25-30.

皮亚杰，海尔德，1980. 儿童心理学［M］. 吴福元，译. 北京：商务印书馆.

钱冠连，2016. 外语学习的基本路径假设：兼论外语教育未来［J］. 当代外语研究（1）：9-13.

秦秀白，2005. 不解之缘 苦斗人生［M］// 束定芳. 外语教育往事谈 第二辑：外语名家与外语学习. 上海：上海外语教育出版社：264-272.

沈卫荣，2016. "叶蕃僧净"背后的历史叙事［J］. 读书（4）：80-87.

沈之菲，2013. 激活内在的潜能：学生创新素养的评价和培养［M］. 上海：华东师范大学出版社.

时晨晨，2016. 美国最成功的阅读课程到底什么样［N］. 中国教师报，2016-06-01（3）.

石中英，2001. 知识转型与教育改革［M］. 北京：教育科学出版社.

斯托尔，芬克，2015. 未来的学校：变革的目标与路径［M］. 柳国辉，译. 2版. 北京：北京大学出版社.

宋卫国，2015. 中国创新能力什么样：《国家创新指数报告2014》解读［N］. 光明日报，2015-07-24（10）.

宋晓梦，2011. 创新教育如何追赶世界步伐［N］. 光明日报，2011-09-21（15）.

孙悦，2014. 社会联动培养学生持续阅读［N］. 新京报，2014-04-28（D08）.

谭培文，1992. 皮亚杰的活动概念与马克思主义的实践范畴［J］. 衡阳师专学报（社会科学版）（3）：15-17.

陶洁，2005. 学习英语的点滴回忆［M］// 束定芳. 外语教育往事谈 第二辑：外语名家与外语学习. 上海：上海外语教育出版社：174-184.

田慧生，1998. 活动、活动教学的基本概念［J］. 湖南教育（9）：20-22.

王爱娣，2014a. 我们从美国阅读教学中学习什么［N］. 中国教育报，2014-08-23（3）.

王爱娣，2014b. 像侦探一样读出弦外之音［N］. 中国教育报，2014-08-23（3）.

王初明，2009. 学相伴 用相随：外语学习的学伴用随原则［J］. 中国外语，6（5）：53-59.

王初明，2011.外语教学三大情结与语言习得有效路径［J］.外语教学与研究，43（4）：540-549.

王初明，2012.读后续写：提高外语学习效率的一种有效方法［J］.外语界（5）：2-7.

王初明，2014.内容要创造 语言要模仿：有效外语教学和学习的基本思路［J］.外语界（2）：42-48.

王初明，亓鲁霞，2013.读后续写题型研究［J］.外语教学与研究，45（5）：707-718.

王道俊，2011.知识的教育价值及其实现方式问题初探：兼谈对杜威教育思想的某些认识［J］.课程·教材·教法，31（1）：14-32.

王会亭，2015.从"离身"到"具身"：课堂有效教学的"身体"转向［J］.课程·教材·教法，35（12）：57-63.

王丽，2012.高考作文该如何考查学生的批判性思维［N］.中国青年报，2012-06-13（6）.

王攀峰，2009.教学活动的本质：一种特殊的生活过程［J］.课程·教材·教法，29（10）：34-39.

王庆环，2011.中国教育体系与世界一流差距在哪？［N］.光明日报，2011-09-27（6）.

王蔷，2009a.高中英语必修模块5［M］.北京：北京师范大学出版社：50-51.

王蔷，2009b.高中英语必修模块4［M］.北京：北京师范大学出版社：50-51.

王咏梅，2015.英语教学法应博采众长［N］.中国教育报，2015-09-16（5）.

维戈茨基，1985.艺术心理学［M］.上海：上海文艺出版社.

卫灿金，1997.语文思维培育学［M］.北京：语文出版社.

文秋芳，2012.中国外语类大学生思辨能力现状研究［M］.北京：外语教学与研究出版社.

文秋芳，2015.构建"产出导向法"理论体系［J］.外语教学与研究，

47（4）：547−558.

文秋芳，苏静，监艳红，2011.国家外语能力的理论构建与应用尝试［J］.中国外语，8（3）：4−10.

文秋芳，孙旻，2015.评述高校外语教学中思辨力培养存在的问题［J］.外语教学理论与实践（3）：6−12.

文秋芳，张伶俐，孙昊，2014.外语专业学生的思辨能力逊色于其他专业学生吗？［J］.现代外语，37（6）：794−804.

文旭，2013.以"思"为基础的外语教育思想［J］.当代外语研究（1）：34−39.

吴思廉，2013.英语文学阅读活动课 RAISE 教学模式研究［J］.中小学外语教学（中学篇）（10）：12−16.

吴欣歆，2016.体验式学习活动链：语文教学转型的有效路径［J］.教育科学研究（11）：59−62，73.

武宏伟，2012.兴趣有时是逼出来的［M］// 武宏伟.教育的是是非非.南京：江苏教育出版社.

武宏志，周建武，2010.批判性思维：论证逻辑视角［M］.修订版.北京：中国人民大学出版社.

希尔弗斯坦，2007.爱心树［M］.傅惟慈，译.1版.海口：南海出版社.

谢本渝，唐中立，2005.论英语教学中的语言能力与交际能力［J］.四川师范大学学报（社会科学版）（4）：61−65.

邢红军，2014.思维品质问卷的编制研究［J］.教育科学研究（5）：54−57.

邢红军，2016.中小学思维教学的深化研究［J］.课程·教材·教法，36（7）：33−39.

徐孝邦，黄远振，2013.高中英语文学阅读对学业成绩及思维发展的影响［J］.中小学英语教学与研究（10）：27−31.

许国璋，1980.谈谈初学英语，如何记生词［M］// 中央广播电视大学.英语专题讲座第一册.北京：冶金工业出版社.

严凯，高玉辉，2012.英语学习者语言能力与阅读材料适合性探究

［J］.外语界（6）：47-57.

杨宏丽，陈旭远，2013.课标中阅读期待的独特性及其教学意义［J］.课程·教材·教法，33（11）：43-47.

杨华，文秋芳，2013.课堂即时形成性评估研究述评：思考与建议［J］.外语教学理论与实践（3）：33-38.

杨宪益，1998.回顾我过去学习英语的经历［M］.李赋宁，等.识途篇：专家、学者、教授谈英语学习.北京：商务印书馆：18-21.

杨忠，2015.从语言规约性与创新性辩证关系看外语教学中创新意识的培养［J］.外语教学与研究，47（5）：743-752.

伊林娜，成运广，2015.让孩子自己往前走：不骄纵、不控制的父母之道［M］.上海：华东师范大学出版社.

俞大缜，1998.我是怎样打好英语基础的［M］//李赋宁，等.识途篇：专家、学者、教授谈英语学习.北京：商务印书馆：22-26.

曾祥芹，韩雪屏，1992.国外阅读研究［M］.郑州：河南教育出版社.

张法科，赵婷，2007.非语言性阅读障碍调查及课外阅读模式的构建［J］.外语界（6）：74-79.

张克中，2014.教师要过专业的生活［N］.教育文摘周报，2014-05-21（3）.

张小红，2012.大学英语专业学生文学阅读需求调查研究［J］.西安外国语大学学报，20（3）：58-61.

张晓芒，吴保平，2011.逻辑的求善功能［N］.光明日报，2011-08-03（14）.

张以瑾，2015a.在阅读中寻找"精神向导"［N］.中国教育报，2015-11-09（6）.

张以瑾，2015b.读书既要"孤读"，也要"共读"［N］.中国教育报，2015-11-30（6）.

赵德成，2013.教学中的形成性评价：是什么及如何推进［J］.教育科学研究（3）：47-51.

赵小雅，2013.韩兴娥：以海量阅读超越一本教科书［N］.中国教育报，2013-05-08（9）.

甄淑梅，2013. 突出文本意识 正视文本价值：高中语文体验式阅读教学的本真回归［J］. 现代语文（教学研究版）（3）：126-127.

郑也夫，2016. 奥林匹克是游戏［N］. 中华读书报，2016-08-03（09）.

郅庭瑾，2007. 为思维而教［J］. 教育研究（10）：44-48.

中华人民共和国教育部，2003. 普通高中英语课程标准（实验）［M］. 北京：人民教育出版社.

中华人民共和国教育部，2012. 义务教育英语课程标准（2011年版）［M］. 北京：北京师范大学出版社.

周文叶，崔允漷，2008. 学校应量身定做《校本课程规划方案》［N］. 中国教育报，2008-07-04（5）.

周益民，2016. 梅子涵：聆听生命里的歌声［N］. 中国教育报，2016-03-14（11）.

朱民杰，2013. 雅思考试的历史演变及其反拨作用［J］. 韶关学院学报（社会科学版），34（5）：197-200.

朱永新，2016. 关于研发卓越课程的思考［J］. 课程·教材·教法，36（8）：3-16.

朱智贤，林崇德，2002. 朱智贤全集：第五卷 思维发展心理学［M］. 北京：北京师范大学出版社.

朱自强，2015. 小学语文儿童文学教学法［M］. 南昌：二十一世纪出版社集团.

邹申，张文星，孔菊芳，2015.《欧洲语言共同参考框架》在中国：研究现状与应用展望［J］. 中国外语（3）：24-31.

朱光潜，2011. 文艺心理学［M］. 上海：复旦大学出版社.

附录：大学生英语学习情况调查问卷

问卷流水号：＿＿＿＿＿＿＿＿　　　　　　　　　　大学生问卷

问卷标识码：□□□□□□ － □□

（以上信息由研究人员填写）

英语学习情况调查问卷

答题方式

本问卷大部分题目是单项选择题，也有一些多项选择题。每个选项前都有一个方框"□"。如果这个选项符合您的实际情况，就在□里打√。

答题指导

1. 我们说的"文学阅读"，指的是阅读小说、诗歌、散文、童话、神话等文学作品。阅读课外书、报纸杂志或者网络上的文学作品都属于文学阅读。但是，考试时的阅读和各种阅读理解训练则不算在内。阅读可以是不出声地读，也可以是朗读。本问卷中所说的"英语文学作品"可以是全英文的作品或英汉对照的作品，但不包括从英语译为汉语的作品。

2. 如果有一道题的任何一个选项都不符合您的情况，或您没法告诉我们准确的信息，那么这道题就不用做了。千万不要随便选一个选项，因为这样的答案会给我们提供错误的信息。

3. 如您答题后希望修改答案，可以把修改后的答案所对应的字母或文字写在题目右边，我们会以您的修改为准。

本问卷包括 20 道选择题和 1 道自由作答题。

经试测，完成本问卷平均需要 17.5 分钟。

1.您第一次课外阅读英语文学作品是在什么时候？（单选）

☐ A.我没有在课外阅读过英语文学作品

（若选择 A，请跳到第 13 题继续回答；选择其他项则继续答下一题）

☐ B.记不清是什么时候

☐ C.上小学以前

☐ D.小学期间

☐ E.初中期间

☐ F.高中期间

➡️ 第 1 题选择 B、C、D、E、F 的同学，请继续回答下面的题目。

2.您最喜欢阅读何种体裁的英语文学作品？（多选）

注：可选任意多个选项。

☐ A.小说　　　　　　　　☐ G.传记 / 回忆录

☐ B.童话　　　　　　　　☐ H.演讲 / 辩论

☐ C.寓言 / 民间故事　　　☐ I.神话 / 宗教典籍

☐ D.诗歌　　　　　　　　☐ J.其他（最好具体说明）：

☐ E.散文　　　　　　　　＿＿＿＿＿＿＿＿＿＿＿＿＿＿

☐ F.戏剧

3.最近三个月里,您阅读英语文学作品时最常用的方式是什么？（单选）

☐ A.默读（不出声地阅读）

☐ B.微微出声地阅读，但声音小到几乎听不见

☐ C.大声朗读（周围如果有人，能听见你读书的声音）

☐ D.其他方式（最好具体说明）：＿＿＿＿＿＿＿＿＿＿＿＿

☐ E.我最近三个月很少阅读英语文学作品

4.过去的六个月里，您阅读了多少本英语文学作品？（单选）

注："一本"指一册书，可以是一部长篇小说，也可以是诗集、文集、小说集等。不包括译为汉语的英语文学作品。

☐ A.0~1 本

☐ B. 2~3 本

☐ C. 4~5 本

☐ D. 6~7 本

☐ E. 8~9 本

☐ F. 10 本或 10 本以上

☐ G. 记不清

5. 请回忆最近一个月您课外阅读英语文学作品的情况。在上课的日子里（周一至周五），您每天用在英语文学阅读上的时间大约是多少？（单选）

注：课本上的文学作品不算在内。若教师推荐了作品，您课后出于兴趣而阅读的则可以算在内。译为汉语的英语文学作品不算在内。

☐ A. 0~5 分钟

☐ B. 6~10 分钟

☐ C. 11~15 分钟

☐ D. 16~20 分钟

☐ E. 21~25 分钟

☐ F. 26~30 分钟

☐ G. 31~35 分钟

☐ H. 36~40 分钟

☐ I. 40 分钟以上

6. 请回忆最近一个月您课外阅读英语文学作品的情况。在不上课的日子里（如周末或假期），您每天用在英语文学阅读上的时间大约是多少？（单选）

注：课本上的文学作品不算在内。如果教师推荐了作品，您课后出于兴趣而阅读的则可以算在内。译为汉语的英语文学作品不算在内。

☐ A. 0~5 分钟

☐ B. 6~10 分钟

☐ C. 11~15 分钟

☐ D. 16~20 分钟

☐ E. 21~25 分钟

☐ F. 26~30 分钟

☐ G. 31~35 分钟

☐ H. 36~40 分钟

☐ I. 40 分钟以上

7. 您是否喜欢阅读英语文学作品？（单选）

☐ A. 非常喜欢

☐ B. 喜欢

☐ C. 一般

☐ D. 不喜欢

☐ E. 非常不喜欢

8. 您阅读英语文学作品时是否遇到了下列困难？

注：请判断适合填入下列句子画线处的词，每行只选一个选项；若您不了解相关情况，请在画线处打个问号"？"即可。

（1）我感到英语文学书籍的价格____。　　☐太高　☐正常　☐太低

（2）我感到英语文学书籍____买到。　　　☐很难　☐较难　☐容易

（3）学校图书馆的英语书籍____满足我的需要。

　　　　　　　　　　　　　　　　　　☐很难　☐基本　☐充分

（4）我____有适合阅读的场所。　　　　　☐经常　☐有时　☐很少

（5）我____有充裕的时间阅读。　　　　　☐经常　☐有时　☐很少

（6）我感到阅读英语文学作品难度____。　☐很大　☐适中　☐很小

（7）我阅读的英语文学作品中生词____。　☐很多　☐适中　☐很少

（8）我阅读的英语文学作品中难句____。　☐很多　☐适中　☐很少

（9）我____从阅读中获得乐趣。　　　　　☐经常　☐有时　☐很少

（10）我____能找到适合自己阅读的作品。☐经常　☐有时　☐很少

9. 您阅读的英语文学作品一般来自哪里？（多选）

注：可选任意多个选项。

□ A.我所在学校的图书馆

□ B.其他图书馆（如社区阅览室、市／县图书馆）

□ C.我自己的藏书

□ D.老师／同学借给我的书

□ E.父母／亲戚的藏书

□ F.利用电脑（包括台式机和笔记本电脑）阅读的电子书

□ G.利用其他电子设备（如手机、iPad等）阅读的电子书

□ H.其他来源（最好具体说明）：＿＿＿＿＿＿＿＿＿＿＿＿＿

10.您阅读英语文学作品主要是为了何种目的？（多选）

注：可选任意多个选项。

□ A.提高英语水平（如增强语感、扩大词汇量等）

□ B.拓展知识面（如了解英语国家的历史、文化）

□ C.提升自己的文学素养

□ D.感受阅读带来的快乐

□ E.思考和充实人生

□ F.完成教师布置的任务

□ G.进行学术研究

□ H.其他（最好具体说明）：＿＿＿＿＿＿＿＿＿＿＿＿＿

□ I.没有什么明确的目的

11.您读过的英语文学作品中,印象最深或最难忘的是什么？（单选）

注：写英文篇名或汉语译名均可。

□ A.印象最深或最难忘的作品是：＿＿＿＿＿＿＿＿＿＿＿

□ B.我有印象最深的作品，一时想不起篇名。但我记得这篇作品主

要讲的是＿＿＿＿＿＿＿＿＿＿＿＿＿＿＿

□ C.对我而言没有哪篇作品印象特别深

（若选择C，请跳过下一题）

12.（接上一题）您对这部作品印象深刻的原因主要是什么？（单选）

□ A. 作品中主人公的形象令我感动或印象深刻

□ B. 作品的情节十分曲折，引人入胜，扣人心弦

□ C. 作品探讨了我感兴趣的话题

□ D. 作品使用的语言优美生动

□ E. 其他原因（最好具体说明）：＿＿＿＿＿＿＿＿＿＿＿＿

　→第 1 题选择 A 的同学和第 11 题选择 C 的同学，请从这里开始继续答题。

13. 最近一个月，您的英语老师在英语文学的阅读上给过您何种引导或帮助？

　注：请判断下列情况在最近一个月是否发生过，每行只选一个选项。如果老师没有给过您任何形式的引导或帮助，每行都选"否"即可。

（1）老师曾向我们推荐过英语阅读书目。　　□是　□否　□记不清

（2）老师曾组织过英语阅读活动（如读书会）。

　　　　　　　　　　　　　　　　　　　□是　□否　□记不清

（3）老师曾帮助我们解决英语阅读中的困难。□是　□否　□记不清

（4）老师曾和我们讨论过英语阅读的体会。　□是　□否　□记不清

（5）老师曾教授过阅读的技能或方法。　　　□是　□否　□记不清

（6）老师曾给过我其他形式的引导或帮助。　□是　□否　□记不清

第 14～15 题询问您阅读汉语文学作品（而非英语文学作品）的情况。

14. 您是否喜欢阅读汉语文学作品？（单选）

□ A. 非常喜欢

□ B. 喜欢

□ C. 一般

□ D. 不喜欢

□ E. 非常不喜欢

15. 最近六个月，您阅读了多少本汉语文学作品？（单选）

注：一"本"指一册书，可以是一部长篇小说，也可以是诗集、文集、故事集、小说集等。但不包括语文教材中的文学作品。

☐ A. 0~1 本

☐ B. 2~3 本

☐ C. 4~5 本

☐ D. 6~7 本

☐ E. 8~9 本

☐ F. 10 本或 10 本以上

☐ G. 记不清

第 16~18 题询问您阅读英语教材的感受。

16. 您感到您现在使用的英语教材中有多少课文是有趣的？（单选）

☐ A. 接近全部

☐ B. 超过半数

☐ C. 大约一半

☐ D. 少于一半

☐ E. 几乎没有

17. 您感到您现在使用的英语教材中有多少课文给您带来了有用的知识？（单选）

注：本题中"知识"指除了语言知识之外的各方面知识，如历史知识、文化知识、科学知识等。

☐ A. 接近全部

☐ B. 超过半数

☐ C. 大约一半

☐ D. 少于一半

☐ E. 几乎没有

18. 您最喜欢英语教材中的哪类课文？（多选）

注：可选任意多个选项。

☐ A. 小说 / 故事　　　　☐ G. 应用文（如信函等）

☐ B. 诗歌　　　　　　　☐ H. 学术论文

☐ C. 散文　　　　　　　☐ I. 科技类文章

☐ D. 议论文　　　　　　☐ J. 其他（最好具体说明）：

☐ E. 新闻报道　　　　　_____

☐ F. 时事评论

以下题目询问您对英语文学阅读教学的需求和建议。

19. 在上课的日子里（周一到周五），如果时间充裕，有合适的场所，也有您喜欢的作品可供阅读，您每天愿意花多少时间来阅读英语文学作品？

☐ A. 0~10 分钟

☐ B. 11~20 分钟

☐ C. 21~30 分钟

☐ D. 31~40 分钟

☐ E. 41~50 分钟

☐ F. 51~60 分钟

☐ G. 60 分钟以上

20. 如果您有兴趣阅读更多英语文学作品，您最希望学校和教师为您提供哪些方面的帮助？（多选）

注：可选任意多个选项。如您对阅读英语文学作品没有兴趣，可以跳过此题。

☐ A. 把阅读变成一件更有意思的事情

☐ B. 示范阅读的过程和方法

☐ C. 推荐适合阅读的作品

☐ D. 组织阅读活动（如读书会等）

☐ E. 与我讨论阅读中的感想和心得

☐ F. 帮我解决阅读中遇到的语言困难

☐ G. 提供适合阅读的场所

☐ H. 给我更多可支配的时间

☐ I. 提供更多可供阅读的书籍

☐ J. 其他方面的帮助（最好具体说明）：＿＿＿＿＿＿＿＿＿＿

为了帮助我们更好地分析数据，希望您告知我们下列个人信息。

您的性别：☐男　　☐女

您目前所在的年级： ＿＿＿＿＿＿＿＿＿＿＿＿＿＿＿＿＿

_____

感谢您对以上问题的回答

现在来看看最后一个问题吧

**　　关于文学阅读，您是否还有什么希望补充的见解？对于英语阅读教学，您有什么意见和建议？**

　　注：请写在下面的横线上。研究人员将仔细阅读您的观点并在研究中加以借鉴，包括可能在公开发表的研究论文中引用您的观点。

_____

_____

_____

_____

_____

_____

问卷调查全部完成

再次感谢您对本研究的贡献

图书在版编目（CIP）数据

英语阅读教学与思维发展 / 黄远振著. —南宁：
广西教育出版社，2019. 11（2024. 2 重印）
（中国外语教育研究丛书 / 刘道义主编）
ISBN 978-7-5435-8689-5

Ⅰ.①英…　Ⅱ.①黄…　Ⅲ.①英语—阅读教学—教学
研究　Ⅳ.①H319.4

中国版本图书馆 CIP 数据核字(2019)第 221452 号

策　　划：黄力平　　　　　组稿编辑：邓　霞　黄力平
责任编辑：陶春艳　　　　　装帧设计：刘相文
责任校对：钟秋兰　　　　　责任技编：蒋　媛
封面题字：李　雁

出 版 人：石立民
出版发行：广西教育出版社
地　　址：广西南宁市鲤湾路 8 号　　　邮政编码：530022
电　　话：0771-5865797
本社网址：http://www.gxeph.com
电子信箱：gxeph@vip. 163. com
印　　刷：广西金考印刷有限公司
开　　本：787mm×1092mm　1/16
印　　张：15
字　　数：218 千字
版　　次：2019 年 11 月第 1 版
印　　次：2024 年 2 月第 7 次印刷
书　　号：ISBN 978-7-5435-8689-5
定　　价：36.00 元

如发现印装质量问题，影响阅读，请与出版社联系调换。